Best Beer Ever!

Der professionelle Braukurs für daheim

Moritz Jänicke

Impressum

Kontakt:

Moritz Jänicke

c/o Block Services

Stuttgarter Str. 106

70736 Fellbach

Verwendete Bilder sind, wenn nicht anders gekennzeichnet, selbst erstellte Bilder.

Lektorat: Tina Müller / https://tina-mueller.com/lektorat/

ISBN: 978-3-9822993-0-3

Inhaltsverzeichnis

Vorwort

Herzlich willkommen in der Community der Menschen, die ihren Biergeschmack selbst bestimmen!

Es ist wirklich erstaunlich, wie viele Variationen in Geschmack und Aussehen bei unserem geliebten „Edelstoff“ möglich sind, selbst wenn wir bei den Grundzutaten unseres deutschen Biers bleiben, nämlich Hopfen, Malz und Bierhefe. Letztendlich war es genau diese Entdeckung, die mich dazu gebracht hat, selbst mit dem Brauen anzufangen. Wie sich der Biergeschmack alleine durch die Zugabe von verschiedenen Hopfengaben variieren lässt, hat mir einfach die Sprache verschlagen. Wenn man noch experimentierfreudiger ist, kann man auch den Bereich der deutschen Grundzutaten (und des Reinheitsgebotes von 1516) verlassen und mit allerlei weiteren Zutaten experimentieren. Unsere Nachbarländer haben hier einiges an interessanten Kreationen vorzuweisen. Der Preis des Expierimentierens ist scheinbar hoch. So eine Flasche Craftbier kann gerne mal fünf Euro und mehr kosten.

Dieses Buch liefert dir das Handwerkszeug, damit du DEIN Bier selbst brauen kannst! Auch wenn du wenig Platz hast. Wir werden die benötigte Ausrüstung vorstellen und dann wirst du eine genaue und professionelle Schritt-für-Schritt-Anleitung zum Brauprozess vorfinden. Ein Wort hierzu: Natürlich kannst du prinzipiell mit einer Glasflasche, Gäraufsatz, Kochtopf und Thermometer schon Bier brauen, wie manche das so gerne betonen. Aber etwas professioneller gehen wir hier schon ans Werk! Denn gutes Bier benötigt immer noch gutes Handwerk. Und gutes Handwerk benötig einen gewissen Mindeststandard an Ausrüstung. Beides wirst du hier vermittelt bekommen.

Wir werden zusammen ein naturtrübes Pilsner Bier brauen und ich werde dir erklären, was bei den einzelnen Brauschritten passiert, damit du die Stellschrauben für gutes Bier kennst. Dabei werde ich mich aber nicht zu sehr im Detail verlieren, denn eine wissenschaftliche Abhandlung zum Thema „Brau-Chemie“ ist nicht der Zweck dieses Buches. Es richtet sich an den Praktiker, an den Neuling und den Beginner mit erster Praxis, der dazulernen will und endlich mal alles Notwendige für sein Hobby in einem Buch zusammengefasst haben lesen möchte. In erster Linie ist es ein Arbeitsbuch. Ein paar nette Rezepte zum Selberbrauen wirst du auch vorfinden. Viel wichtiger aber noch: der Zugang zu Tabellen und Mengengerüsten, damit du selbst deine Rezepte erstellen kannst! Denn das eigene Bier mit deinem eigenen Stempel versehen, das ist unbezahlbar!

Also dann: „GUT SUD“ und viel Freude beim Experimentieren!

Das Reinheitsgebot

Ein paar Worte noch vorneweg. Wenn du lieber gleich loslegen möchtest, dann kannst du auch zum Thema Ausrüstung (siehe Inhaltsverzeichnis) springen.

Bier gibt es schon sehr lange. Wie lange weiß man gar nicht genau, aber es wurde schon bei den Ägyptern erwähnt und sogar im Alten Testament der Bibel, in dem von Weizenbier die Rede ist. Allerdings hat das Bier aus dem Altertum oder Mittelalter nicht mehr so viel mit unserem heutigen Bier gemeinsam. Immerhin hat sich zumindest seit dem Mittelalter nicht viel an den Zutaten geändert. Eher schon die Art der Zutaten.

Die offiziell älteste Brauerei der Welt, die ehemalige Klosterbrauerei Weihenstephan, geht bis auf das Jahr 1040 zurück. Erwähnungen von Hopfen, der im Garten des Kloster Weihenstephan angebaut wurde, fand man sogar schon im Jahre 768. Die Vermutung liegt nahe, dass dieser Hopfengarten nur einem Zweck diente – dem Bierbrauen natürlich. Wobei an dieser Stelle nicht unerwähnt bleiben soll, dass Hopfen generell eine sehr gesunde Pflanze ist und auch in der Heilkunde eine wichtige Rolle spielt. Unter anderem macht sie zum Beispiel unser Bier haltbarer, aber dazu noch später.

Ein weiteres Symbol langlebiger Braukunst ist die Klosterbrauerei Weltenburg, gelegen am malerischen Donaudurchbruch bei Kelheim. Gegründet nur 10 Jahre nach der Klosterbrauerei Weihenstephan, also im Jahre 1050, kann sie bis heute auf eine Tradition hervorragender Braukunst verweisen und stellt das berühmte und prämierte Weltenburger Barock Dunkel her. Gutes Bier hat eben immer Saison und das über die Jahrhunderte hinweg.

Wie schon erwähnt, kann man das damalige Bier geschmacklich nicht mit dem heutigen vergleichen. Die Anforderungen, die Umstände und die Verfügbarkeit der Rohstoffe waren sehr unterschiedlich und dazu gab es immer Versuche, etwas zu verbessern oder einfach nur zu panschen.

Die Rettung nahte in Form des deutschen Reinheitsgebotes, das am 23. April 1516 für das Herzogtum Bayern in der Landesordnung niedergeschrieben wurde und bis heute die Grundlage des Deutschen Reinheitsgebotes bildet. Hier der Originaltext:

> *„Wir wollen auch sonderlichen, das füran allenthalben in unnsern Steten, Märckten und auf dem Lannde, zu kainem Pier merer Stückh, dann allain Gersten, Hopffen unnd Wasser, genommen und gepraucht sollen werden."*

Dabei war diese bei weitem nicht die älteste Maßnahme, um dieses Kulturgut zu schützen. Hier nur einmal einige Auszüge aus der Geschichte:

> Friedrich Barbarossa verlieh 1156 der Stadt Augsburg das Stadtrecht. Bier war so wichtig, dass es in diesem Zusammenhang in dem ältesten Stadtrecht überhaupt, in der *Justitia Civitatis Augustensi*, erwähnt wurde: „Wenn ein Bierschenker schlechtes Bier macht oder ungerechtes Maß gibt, soll er gestraft werden..."! (Übersetzt ins Neudeutsche, Quelle: *Jahrbuch der Gesellschaft für Geschichte des Brauwesens e. V. 2018)*
>
> Am 25. November 1319 wurde von Philipp von Rathsamhausen, dem damaligen Fürstbischof des Hochstifts Eichstätt, ein Gesetz erlassen, das nur Gerste, Hopfen und Wasser zum Bierbrauen erlaubt (Quelle: *Donaukurier vom 22.04.2016*).
>
> Eine Verordnung der Stadt Weimar aus dem Jahr 1348 besagt unter anderem, dass kein Brauer etwas anderes als Malz und Hopfen zu seinem Bier geben soll. Dagegen war zu dieser Zeit in einigen Städten, insbesondere im Rheinland, Hopfen als Bierzusatz noch verboten. So verbot z. B. 1381 der Erzbischof von Köln, der das Monopol auf Grut besaß, das Brauen und die Einfuhr von Hopfenbier (Quelle: *Kölner Brauereiverband e.V. - „Grutbier")*.

Furchtbar das Jahr 1381, zumindest in Köln! Bier ohne Hopfen! Und Weizen war damals wohl auch noch nicht so angesagt, man beschränkte sich auf die Gerste. Dafür gabs im alten Ägypten augenscheinlich eher Weizenbier.

Also waren die Zutaten – mehr oder minder und in Abhängigkeit der vor Ort vorhandenen Rohstoffe – gleich. Aber der Brauprozess hat sich durch die wissenschaftlichen Erkenntnisse und technischen Möglichkeiten doch sehr verfeinert. Untergäriges Bier im Sommer? Heute kein Problem! Damals ging das nur mit einem Felskeller, der üblicherweise zwischen 7 bis 10 Grad ober noch weniger hatte. Mehr zum Thema unter- und obergärig später. Temperaturgesteuerte Rasten? Gab es nicht beziehungsweise nur andeutungsweise, weil es ohne Thermometer einfach schlecht kontrollierbar war – das Gefühl des Braumeisters in allen Ehren gehalten.

Einen nicht unerheblichen Anteil an der Forschung rund ums Bier hatten natürlich die Brauereien. So hat sich der ältesten Brauerei der Welt inzwischen ein „Forschungszentrum Weihenstephan für Brau- und Lebensmittelqualität" angegliedert, heute ein Institut der TU München, von dem auch der Hobbybrauer erheblich profitiert. Gegründet wurde es aber schon 1885 als Brauerschule und hatte schon ein paar Jahre später über 500 Brauereien als Mitgliedsbetriebe. Institute wie diese sind heute der Grund, warum wir heute in der Lage sind, daheim gutes Bier herzustellen.

So können wir heute auf eine Vielzahl von Trockenhefen zurückgreifen – wer möchte sogar auf die Flüssighefe – und der Hopfen kommt aus aller Welt gefriergetrocknet und vakuumverpackt zu uns. Das Getreide wird für den Brauvorgang gemälzt, damit die Ausbeute gut ist und der Brauvorgang fehlertoleranter ablaufen kann. Nicht zu unterschätzen also die Verfügbarkeit von guten Rohstoffen, die für unser Gelingen elementar ist. Sogar das Schroten des gemälzten Getreides wird von den Versendern diversere Brauartikel übernommen, was vielleicht nicht ganz optimal ist, weil natürlich frisch geschrotet am besten ist, vergleichbar mit frisch gemahlenem Kaffee. Aber wer nur eine kleine Küche zur Verfügung hat, wird diesen Service sehr wohl zu schätzen wissen.

Abgerundet wird unsere komfortable Situation mit einem Gut, das leider nicht überall in der Welt selbstverständlich ist: sauberes Wasser. Also die Bedingungen sind ideal – legen wir los!

Die Ausrüstung

Was benötige ich, um qualitativ hochwertiges Bier zu brauen? Das hängt einerseits vom Platz und dem Budget ab. Prinzipiell kann man sehr minimalistisch anfangen. Wie du sehen wirst, ist trotzdem eine Mindestausrüstung vonnöten, damit du vernünftig arbeiten kannst. Oft steht nur eine kleine Küche zur Verfügung und wenig Platz für die Reifung des Bieres. Das ist zum Beispiel meine Situation und wird die vieler Menschen sein. Darauf konzentrieren wir uns in diesem Buch. Mehr geht immer und wenn du einen eigenen Raum für dein Hobby hast, dann lucky you! Vielleicht kannst du den Brautag mittels Gasbrenner sogar in den Garten verlegen und Freunde zur Grillparty einladen? Mein Neid wird dir ewig nachschleichen! Du wirst aber an die gleichen Abläufe gebunden sein, nur mehr Platz haben und später vielleicht höhere Literzahlen brauen können. Wir legen mit der üblichen Hobbybrauergröße los – ca. 20 Liter.

Was jetzt folgt, ist deine Ausstattung im Detail, denn mit dem richtigen Werkzeug gelingt es viel besser! Deshalb mag nicht alles *unbedingt* notwendig sein. Aber es wird alles sehr *nützlich* sein und du wirst es nicht mehr missen wollen. Und bitte vergleiche nicht mit den fertig abgepackten Brauereisets auf dem Markt. Die haben mit unserer Arbeit hier nichts zu tun.

Hier zunächst einmal die Übersicht:

Liste der Ausrüstung:

- Einkochautomat ca. 27 Liter
- Eimer ca. 30 Liter
- Sieb, passend auf den Eimer
- Abziehschlauch, eventuell mit Abfüllröhrchen
- Umschüttbecher, 5 Liter
- Kühlerschlange (wassergekühlt)
- Maischesack + Unterlegrost (optional, aber empfohlen)
- Maischepaddel
- Digitalthermometer
- Brauereijod & Refraktometer
- Reinigungsmittel
- Gärbehältnis 30 Liter mit Gäraufsatz
- Hopfensäckchen (optional, aber praktisch)
- Ausreichend Bügelflaschen zum Abfüllen

Lass mich dir auf den folgenden Seiten beschreiben, welchen Zweck die Ausrüstung hat und warum sie nützlich ist.

Hinweis: *Die Bilder sind alle von mir selbst erstellt und von meinen eigenen Geräten. Andere Quellen sind jeweils unter dem Bild gekennzeichnet.*

Einkochautomat:

Du benötigst etwas, womit du den Sud in die verschiedenen Braustufen und auf die richtige Temperatur bringen kannst. Gut geeignet ist der gute alte Einwecktopf oder Einkochautomat deiner Mutter oder Frau. Wenn du Bedenken hinsichtlich Alter, Funktionstüchtigkeit oder Hygiene des Gerätes hast, oder deine Frau das Teil nicht herausrücken will, dann kann man für relativ wenig Geld auch eine Neuanschaffung ins Auge fassen. Das hat den Vorteil, dass du gleich auf die richtige Ausstattung achten kannst.

Auf folgendes solltest du achten:

- Fassungsvermögen um die 27 Liter
- Temperaturregelung
- Entsafterstufe, damit du drin auch kochen kannst
- Ablasshahn
- 2.000 W Leistung sollten es schon sein

So sieht das aus: hier ein Foto von meinem eigenen Kessel.

Das Material ist Ansichts- und Preissache. Für das Endergebnis ist es unwichtig. Es muss kein Edelstahl sein. Es reicht auch das wesentlich günstigere Emaille aus.

Eimer ca. 30 Liter & Sieb, passend auf den Eimer

Hier genügt ein einfacher (und günstiger) Plastikeimer, der aber zumindest kurzzeitig kochende Flüssigkeiten aushalten können muss. Er dient für Umfüllarbeiten und dem herkömmlichen Läutern.

Deswegen benötigen wir auch das passende Sieb, das obendrauf gesetzt wird. Sparfüchse (oder wenn der Platz knapp ist), können diesen Eimer dann auch gleich als Gärbehälter nutzen. Dann muss der Deckel aber noch einen Göraufsatz haben und eine Ergänzung mit Ablasshahn würde das Handling sehr vereinfachen. Im Bild siehst du diese Variante.

Hier aber gleich ein Tipp: Der zusätzliche Ablasshahn (also neben dem Hahn am Einkochtopf, siehe Bild) kann auch eine zweischneidige Sache sein. Gerade in der dünnen Plastikausführung tendiert er gerne dazu, undicht zu werden, und zwar an dem zugehörigen Loch im Eimer. Außerdem ist jeder Hahn ein Nest für Keime und muss vor dem Gebrauch akribisch gereinigt werden.

Meine Meinung: lieber einmal zusätzlich umfüllen und dafür keinen Stress mit Undichtigkeiten. Deine Entscheidung. Ich verlasse mich lieber auf Dichtigkeit.

Ich benutze inzwischen einen extra Gärbottich (siehe ein paar Seiten weiter) und den Eimer ohne Ablasshahn.

Hier habe ich noch das dazugehörige Sieb auf meinen Eimer abgebildet. Du siehst, die Öffnungen schließen schön mit dem Eimer ab, damit später nichts überlaufen kann.

Umschüttbecher

Er sollte 5 Liter fassen und ist für allerlei Aktionen nötig. Mit der Maßeinheit 5 Liter kannst du gut deinen Einwecktopf befüllen und gleichzeitig die Menge abmessen. Außerdem hat er ein gutes Volumen für eventuelle Umschüttungen. Genauso gut kannst du natürlich jegliches Schüttgefäß nutzen, das deine Küche so hergibt. Damit du weißt, wie viel Wasser zu einfüllst, wäre dann eine Maßeinheit nützlich.

Abziehschlauch, eventuell mit Abziehröhrchen

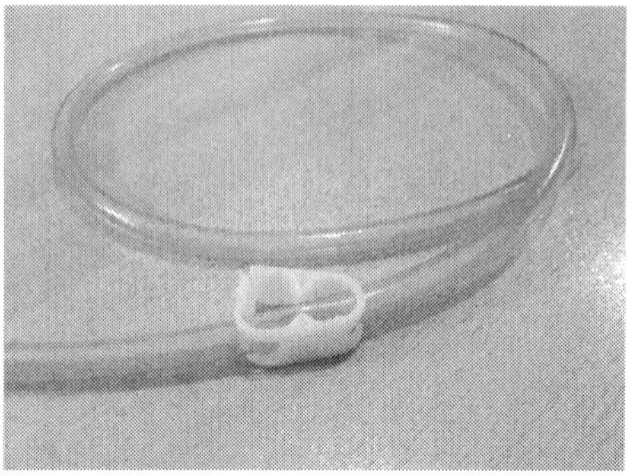

Wir wollen immer so einfach wie es geht arbeiten und möglichst alle/viele Umfüllarbeiten mit dem am Behälter befestigten Ablasshähnen erledigen. Aber es gibt einfach Situationen, in denen uns nur ein Abziehschlauch weiterhilft. Zum Beispiel, wenn du unbedingt einen der typischen Glasballone benutzen willst. Es spricht ja prinzipiell auch nichts dagegen. Immer da, wo kein Ablaufhahn vorhanden ist, benötigen wir eine Alternative. Oder wenn der Hahn mal nicht einsetzbar ist. Weil er mal verstopft sein kann. Oder er liegt unterhalb der „Absetzzone" der Sedimente/Hefen. Und so weiter. Jedenfalls gehört er zum Handwerkszeug und ist noch dazu kostengünstig. Eine tolle Ergänzung ist das sogenannte Abfüllröhrchen. Es kann dir – vor allem in Verbindung mit dem Schlauch – immens beim sauberen Abfüllen deiner Bierflaschen helfen. Eine Feder am Boden öffnet das Röhrchen auf Druck und verschließt es wieder, sobald du es anhebst. Du kannst natürlich auch darauf verzichten, aber glaube mir, es wird dir eine Menge Schweinerei und Zeit sparen! Und das für unter 5 Euro.

Das Abfüllröhrchen, oder Abziehröhrchen, sieht dann übrigens so aus:

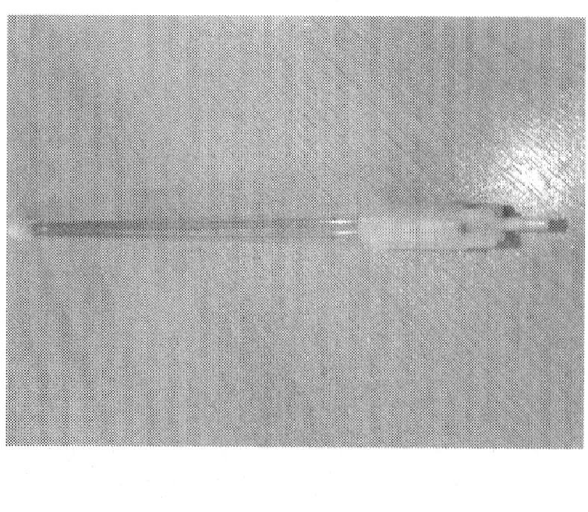

Kühlschlange

Auch Eintauchkühler genannt, oder – themenbezogen – Würzekühler. Dieser ist nicht ganz billig, zumal auch noch der Anschluss an einen Wasserhahn in der Küche, Bad oder Keller (wenn du den Luxus hast) erfolgen muss. Ziel ist das schnelle Herunterkühlen von der Würze, und zwar bevor du die Hefe hinzufügst. Es gibt auch Brauer, die verzichten auf die schnelle Kühlung und lassen den Sud einfach über Nacht und abgedeckt stehen. Das geht sicherlich auch. Ich empfehle das aber nicht, da das Bier in diesem Stadium sehr anfällig für Kontamination ist. Bier schmeckt nicht nur uns, sondern auch allen möglichen Bakterien, Pilzen und „wilden" Hefen. Wenn wir zur Hygiene kommen, wirst du verstehen, was ich meine. Das mit den wilden Hefen kann ja manchmal noch ganz nettes und ungewöhnliches Bier ergeben. Es ist tatsächlich gerade ein Biertrend. Aber Bier, das früher mit wilder Hefe vergoren wurde, durfte sich meist einer intakten Natur bedienen. Das haben wir in unserer Küche eher nicht. Wir wollen möchten möglichst schnell unsere Bierhefe einbringen, damit sich diese in unserem Bier ausbreitet und nichts anderes.

In dem Bild siehst du das Prinzip. Der Würzekühler muss lebensmittelecht sein, weil du ihn direkt in den Sud hängst. Also ist die Wahl des Materials Edelstahl. Ein Anschluss soll mit deinem Wasserhahn kompatibel sein. Dafür gibt es mehrere Lösungen. Für mich war ein Gardena-Adapter die beste Lösung. Ich schraube einfach bei jeder Benutzung den Duschschlauch ab und den Adapter darauf. Fertig ist der Wasseranschluss.

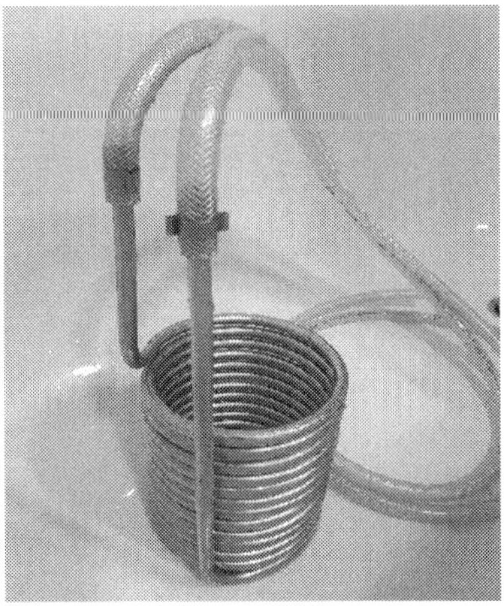

Das zweite Ende ist offen. Du hängst es einfach ins Waschbecken oder über einen Abfluss.

Neben dem Einkochtopf ist das die teuerste Anschaffung. Da es aber mit der Qualität deines zukünftigen Bieres zu tun hat (dazu später noch mehr) und eben auch den Zeitaufwand deutlich verringert, wirst du bestimmt bald selbst vom Abkühlen über Nacht Abstand nehmen wollen.

Maischesack

Einer meiner Lieblingsstücke! Er wird den Vorgang des Läuterns vereinfachen, ist aber nicht unbedingt nötig, solange man ein Sieb verwendet (siehe oben). Hier scheiden sich die Geister etwas. Deshalb optional. Ich selbst habe beides ausprobiert – die manuelle Methode und den Maischesack – und möchte nicht mehr darauf verzichten. Wenn du eine beengte Küche hast oder dir einfach den Arbeitsgang des Läuterns deutlich vereinfachen möchtest, dann hol dir das Ding. Es kostet nicht viel.

Ein weiteres, teureres, Hilfsmittel ist die sogenannte Läuterhexe, eine Entwicklung, die auch zum Ziel hat, den Vorgang zu erleichtern und zu automatisieren. Vorrichtungen wie diese kommen deshalb auch gerne in den Brauautomaten zum Einsatz, funktionieren aber auch gut im Einwecktopf. Allerdings ist es mit gewissem Installationsaufwand verbunden und findet deshalb bei uns zu diesem Zeitpunkt keine weitere Beachtung. Es gibt auch noch andere Hilfsmittel wie z. B. Läuterbleche. Wir wollen es möglichst einfach, aber trotzdem handwerklich sauber halten und bleiben beim Maischesack oder der manuellen Methode.

Warum mögen manche den Maischesack oder andere Hilfsmittel nicht? Weil er – angeblich – etwas mehr Feinpartikel vom Malz durchlässt. Für mich gerade richtig, ich liebe das naturtrübe Bier und gesund ist es auch.

Die manuelle Methode (nähere Beschreibung beim Brauvorgang) kann richtig ausgeführt etwas mehr herausfiltern, hat aber andere Nachteile. Richtig klar – auch wenn man weit kommt – wird selbst gebrautes Bier aber nie! Dafür müsste es durch eine Filteranlage, die unsere Möglichkeiten überschreitet.

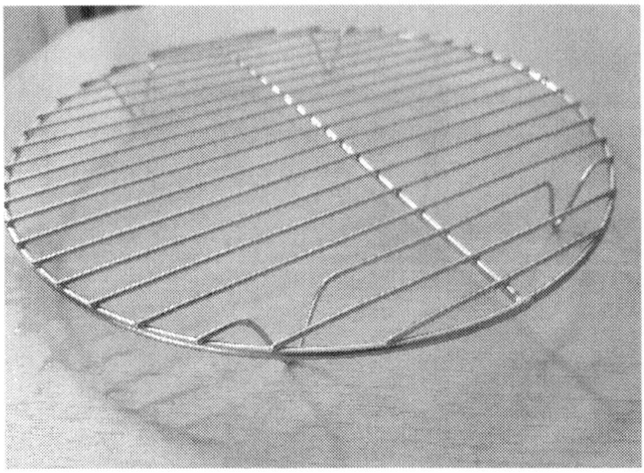

Der Maischesack sollte etwas vom Boden des Kochtopfes und der darin eingelassenen Heizplatte abgehoben werden. Er ist sehr robust, aber beim direkten Kontakt mit der Platte beim Aufheizen mag er anbacken. Du vermeidest das ganz einfach und günstig mit einem Einsatz aus Edelstahlgitter.

Maischepaddel

Warum genügt hier kein Kochlöffel? Wenn er groß genug ist und auch so schöne Löcher hat, dann genügt er tatsächlich. Bedenke einfach, dass hier schon in 25 Liter Flüssigkeit ein paar Kilo nasses Getreide herumschwimmen. Das musst du durchrühren können und dafür benötigt man einfach etwas Angriffsfläche. Und rühren wirst du müssen. Mach es dir so einfach wie möglich!

Auf dem Bild siehst du mein Exemplar aus Buchenholz.

Digitalthermometer

Die Überwachung der verschiedenen Rasten ist wichtig und wird später noch erklärt. Erfahrungsgemäß sind die Temperaturangaben an den Einkochautomaten eher Richtwerte und zu ungenau für unseren Zweck. Besonders beim Abmaischen haben wir einen relativ engen Temperaturrahmen, den wir einhalten wollen. Daher benötigst du ein Thermometer. Ich bevorzuge die digitale Variante, weil sie schneller die Temperatur anzeigt. Hier spare ich mir das Bild. Ein haushaltsübliches Thermometer genügt völlig. Wir messen von 20 bis 100 Grad Celsius.

Brauereijod und Refraktometer

Um mit den bei einem Naturprodukt üblichen Schwankungen handwerklich gut umzugehen zu können, kommst du um eine Möglichkeit zum Messen/Kontrollieren nicht herum. Sonst wird das Brauen zum Glücksspiel. Dafür das Brauereijod. Auch sehr wichtig: ein Refraktometer für die Maßeinheit BRIX. Es wird dir Sicherheit beim Stand deiner Vergärung geben (wird noch erklärt) und dir helfen, jederzeit die Stammwürze zu bestimmen. Das Jod ist günstig beim Zubehörhandel zu erwerben. Das Refraktometer ist schon etwas teurer, aber lohnt sich auf jeden Fall. Ich werde später immer wieder darauf zurückkommen.

Das Jod zeigt durch Verfärbung an, inwieweit sich die Stärke des Malzes abgebaut hat, das Refraktometer misst sehr schnell und deutlich den Gehalt der Saccharose in der Flüssigkeit, also wie viel vergärbarer Zucker im Sud angekommen ist. Mit anderen Worten die Stammwürze, die entscheidend den späteren Alkoholgehalt deines Bieres bestimmt, sowie andere Dinge wie die Vollmundigkeit.

Wichtig:

Das Refraktometer benötigt unbedingt die Maßeinheit BRIX und nicht Öchsle!

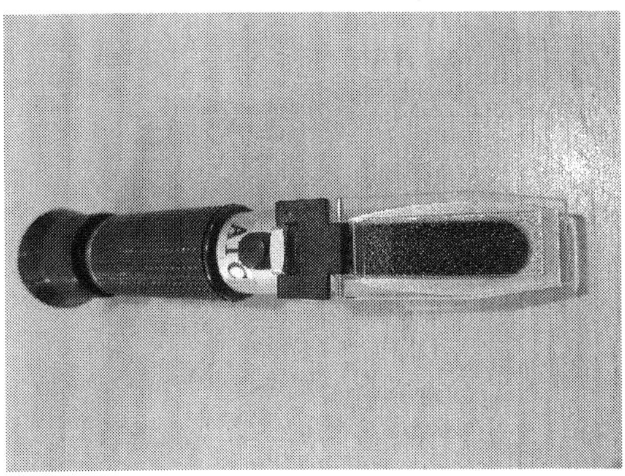

Reinigungsmittel

Das ist wichtig, da wir ab einem gewissen Stadium nur noch mit desinfiziertem Material an unsere Würze herangehen wollen! Es muss lebensmittelecht und dieser Aufgabe gewachsen sein. Was sich gut für unsere Zwecke anbietet, ist aktiver Sauerstoff. Er ist günstig, als Pulver gut lagerbar, macht seine Arbeit in wenigen Minuten und es ist – theoretisch – kein Nachspülen erforderlich. Wir machen es trotzdem, denn wir möchten keinesfalls etwas von diesem Geschmack/Geruch im Bier haben.

Hygiene ist vor allem für den Geschmack ab einem gewissen Brauabschnitt sehr wichtig – das werden wir dann behandeln. Trotzdem können und müssen wir natürlich nicht unter Reinraumbedingungen arbeiten. Ich habe mal ausführlich mit einem Braumeister einer kleinen und erfolgreichen Spezialitätenbrauerei gesprochen. Er verwendet Chemie nur bei hartnäckigen Verschmutzungen und den Bierflaschen. Er arbeitet viel mit kochendem Wasser zum Desinfizieren. Ich persönlich habe das so weit wie möglich übernommen und bisher keine nachteiligen Effekte bemerkt.

Wir werden trotzdem nicht ohne Chemie auskommen. In unserem Fall ist aktiver Sauerstoff die Wahl (das gebräuchlichste Mittel, es gibt andere). Online ist er in jedem Brauereishop erhältlich.

Gärbehältnis 30 Liter, mit Gäraufsatz

Im Glas lasse ich ungerne vergären (habe es aber auch schon gemacht), weil Hopfen auf UV-Licht nicht so gut reagiert. Ein stabiler, gut zu transportierender Plastikkanister mit Auslaufhahn, der auswechselbar sein sollte, ist zu empfehlen. Viele tauschen den Hahn irgendwann gegen einen Genossen aus Edelstahl um. Erhältlich zum Beispiel im Baumarkt. Wenn wir so um die 20 Liter Würze vergären lassen wollen, benötigen wir ein entsprechendes Gefäß mit Puffer. 25-30 Liter sind entsprechend eine gute Größe. Wie oben schon erwähnt, kannst du hierzu den Eimer verwenden, in dem du die Läuterung vollziehen wirst, wenn er den passenden Deckel mit Gäraufsatz aufweist. Warum ich mir trotzdem diesen Gärbottich gekauft habe, konntest du oben schon lesen.

Er ist stabil und einfach zu transportieren, was auch nicht zu verachten ist. Es gibt ihn in verschiedenen Variationen.

Dazu passend natürlich der stabile und abschraubbare Ablaufhahn und der Gäraufsatz.

Bild mit freundlicher Genehmigung von www.hopfen-und-mehr.de

Hopfensäckchen

Das Hopfensäckchen ist optional, es hilft aber unerwünschte Bestandteile aus dem Bier zu halten. Für unser erstes Bier benötigst du das noch nicht, weil es nur für den Vorgang des Hopfenstopfens (auch Kalthopfen genannt) gedacht ist. Aber sicher möchtest du bald in die hohe Kunst des Hopfenstopfens eintauchen und ein wunderbares Craftbier oder Pale Ale mit feinen Zitrusnoten produzieren. Dann kannst du dir so ein paar wiederverwertbare Säckchen anschaffen. Oder du verzichtest ganz darauf. Wiederum einen aktiven Braumeister befragt, sagte mir dieser einfach, dass er die Hopfengabe beim Hopfenstopfen ohne Umstände mit in die Würze zum Vergären gibt. Warum das Hopfensäckchen bemühen, wenn es eh zusammen mit der Hefe im Gärbottich bleibt? Auch das habe ich großteils adaptiert. Du musst dann halt aufpassen, dass nichts davon beim Abfüllen ins Bier gerät. Nicht dass es ungesund wäre, aber dann hast du eine kleine Bitterexplosion auf der Zunge! Ich komme später zu Anwendungen, bei denen ein Hopfensäckchen doch wieder nützlich ist. Aber prinzipiell bin ich Anhänger von einfachen Abläufen, wo immer angebracht und möglich.

Flaschen

Natürlich möchten wir das stolze Ergebnis unserer Arbeit dann abfüllen. Das Jungbier muss noch etwas reifen, bevor es getrunken werden kann, je nach Bier manchmal sogar ziemlich lange. Deshalb wählen wir hier am besten, nein, *unbedingt* braune Glasflaschen, sinnigerweise mit Bügelverschluss. Habe ich schon erwähnt, dass Hopfen keine UV-Strahlung, sprich Licht mag?

Jetzt ist vielleicht die Zeit etwas näher darauf einzugehen. Beim Würzekochen lösen wir aus dem Hopfen die gewünschten Bitterstoffe. Es bilden sich sogenannte Iso-Alphasäuren. Durch Lichteinwirkung können sich hier Stoffe abspalten und mit anderen schwefelhaltigen Würzestoffen reagieren. In geringem Ausmaß noch nicht kritisch, aber wird ein gewisser Schwellenwert überschritten, kommt es zu einem ranzigen Beigeschmack. Dieser wird auch Lichtgeschmack genannt. Wir wollen den unbedingt vermeiden, zumal das ziemlich einfach ist. Wir verwenden für unser Bier einfach braunes Glas, das so auch die meisten Brauereien benutzen. Bekannt ist dieser Lichtgeschmack übrigens schon seit 1875, aber labortechnisch nachweisen konnte man ihn erst in den 1990er-Jahren.

Also: vergäre möglichst nicht im Klarglas und lagere vor allem dein Bier nur in braunem Glas oder versenke es im dunklen Keller! Natürlich kannst du dein Bier auch im Fass lagern. Da dies aber eher für Fortgeschrittene ist, lassen wir es in diesem Buch mal weg.

Die Flaschen kannst du entweder kaufen oder – mit größerem Spaßfaktor und viel billiger – zwei Kästen eines guten „Bügelverschluss-Bieres“ holen und gepflegt leeren! Selbstredend, dass du die Flaschen behältst. Ein Tipp noch: Habe schon im Sinn, dass du sie wiederverwerten willst. Das heißt, spüle sie nach dem Einschenken gleich aus, damit nichts festtrocknet und trinke, wenn möglich, auch nicht direkt aus der Flasche. Manche haben sehr hartnäckige Bakterien in der Mundhöhle, die nur mit harter Chemie zu entfernen sind. Lieber kein Risiko eingehen! Es geht wiederum nicht um gesundheitliche Bedenken (sonst dürften wir uns nie küssen), sondern rein um das, was es eventuell geschmacklich mit deinem Bier machen könnte!

Ich weiß, das halten jetzt manche für übertrieben, ist es vielleicht auch, aber besser zu vorsichtig als zu nachlässig, oder?

So das ist die Aufstellung unserer Ausrüstung. Ich hoffe, sie hat dich nicht abgeschreckt. Im nächsten Kapitel findest du die Kosten im Detail. Viele werben ja mit kleiner Ausrüstung und die Bierbrausets beschränken sich auch auf das Allernötigste. Und das ist ja OK, wenn man einfach mal 3-4 Liter Bier herstellen will, um es auszutesten. Ich selbst habe so mein erstes Bier gebraut.

Allerdings habe ich auch sehr schnell gemerkt, dass es viel mehr braucht, um handwerklich gut zu arbeiten und vor allem dauerhaft gutes und EIGENES Bier herzustellen. Um vom vorgegeben Fertigrezept abzuweichen, sollte ich doch verstehen, was ich anders machen möchte. Zudem ist der Aufwand für ein 15-20-Liter-Ergebnis im Prinzip der gleiche. Du hast dieses Buch gekauft. Du willst mehr, als die Brauanleitung für ein Fertigrezept in einem Brauset durchlesen.

Kosten der Ausrüstung

Hier ein Überblick der Kosten, wenn du dein Zubehör neu anschaffen musst. Preise ändern sich, Produkte auch, also bitte nur als Anhaltspunkt zu verstehen!

- Einkochautomat ca. 27 Liter	90-150 Euro
- Eimer ca. 30 Liter	15 Euro
- Sieb, passend auf den Eimer	25 Euro
- Abziehschlauch mit Abfüllröhrchen	10 Euro
- Umschüttbecher, 5 Liter	5 Euro
- Kühlerschlange (wassergekühlt)	60 Euro
- Maischesack + Gitterrost	35 Euro
- Maischepaddel	10 Euro
- Digitalthermometer	10 Euro
- Brauereijod & Refraktometer	35 Euro
- Reinigungsmittel	5 Euro
- Stabiles Gärbehältnis 30 Liter, mit Gäraufsatz	35 Euro
- 10 Hopfensäckchen (optional)	5 Euro
- Ausreichend Bügelflaschen zum Abfüllen: Pfandflaschen als Leihgabe	nichts.

Gesamtinvestition für dein Hobby: **rund 360 Euro**

Die Kosten gelten natürlich nur, wenn du ALLES neu anschaffen musst/willst, weil deine Küche nichts hergibt. Auf einiges kann man anfangs auch verzichten, das habe ich ja dann immer erwähnt. Persönlich finde ich den Kostenrahmen aber durchaus überschaubar, wenn man bedenkt, dass es einmalige Anschaffungen sind. Allerdings so klein, wie es einem einige Ratgeber weismachen wollen, ist er eben auch nicht.

Natürlich spricht auch gar nichts dagegen, sich erst einmal an einem günstigen Brau-Komplettkurs zu versuchen. Du wirst halt nichts mehr von dem, was du in so einer Komplettpackung kaufst, für dein ernsthaftes Hobby verwenden können.

Und selbst wenn das dein Anfang sein sollte, willst du trotzdem wissen wollen, was du hier eigentlich tust, oder es sogar auf die eine oder andere Art besser machen wie in einer Komplettanleitung vorgegeben.

Dieses Buch wird dir dabei helfen. Weil du mehr weißt und dadurch besser agieren kannst und Braufehler vermeidest. Es reicht ja, wenn ich sie gemacht habe.

Nicht zu vergessen führt der Weg zu wirklich eigenem Bier soundso nur über vernünftiges Handwerkszeug, verbunden mit profundem Wissen.

Also lass uns zum nächsten Schritt gehen – die Vorbereitung zum Brautag! Dafür werden wir uns etwas mit den Rohstoffen befassen.

Die Rohstoffe

Die Rohstoffe sind natürlich das A und O für dein zukünftiges Bier. Du kannst dir zwar auch einfach ein paar Rezepte aus dem Internet herunterladen und wirst durchaus gute Ergebnisse erzielen. Wir möchten hier aber tiefer in die Materie einsteigen, sodass du wirklich deine eigenen Kreationen brauen kannst.

Das Malz

Die erste Grundzutat ist **gemälztes Getreide**, kurz Malz genannt. Mälzen ist ein kontrollierter Keimvorgang, bei dem aus Getreide Malz entsteht. Beim Bier ist hauptsächlich Gerste und Weizen von Bedeutung. Aber gemälzter Roggen findet genauso Anwendung sowie Dinkel und Hafer, meist dann als Beimischung. Du siehst, wie viele Varianten alleine hier schon möglich sind!

Was passiert beim Mälzen? Durch den Keimvorgang werden im Korn Enzyme aktiviert und gebildet, die später für den Stärke- und Eiweißabbau während des Bierbrauens wichtig sind. Nebenbei bemerkt ist gemälzte Gerste nicht nur die Basis für gutes Bier, sondern auch das alleinige Grundmittel des schottischen Scotch Whisky.

Dieser Keimvorgang lässt jedenfalls das Getreidekorn zu einer Nährstoffbombe werden, bekannt und geschätzt als Keimlinge oder Sprossen vom informierten Ernährungsfachmann. Keiner soll sagen Bier sei nicht gesund! Das muss hier mal gesagt werden. Es besteht wirklich aus den besten Zutaten. Vor allem, weil wir es ohne Zusätze und Konservierungsmittel herstellen. Man hört ja manchmal furchtbares vom Markt, was Großbrauereien so ins Bier kippen, damit es haltbarer wird, oder seine Klarheit behält. Das mag stimmen oder nicht, wir machen da natürlich nicht mit. Bier ist ein Naturprodukt und gewissen Schwankungen unterworfen. Wer möchte, wird seine Rohstoffe sogar in Bioqualität vorfinden.

Aber zurück zum Keimen. Warum ist es denn so wichtig? Wie schon angedeutet, wird in diesem Prozess bereits ein Teil der Stärke in kleinere Moleküle zerlegt, was nachher wichtig ist, um gärfähige Bierwürze zu bekommen. Dann wird der Keimprozess unterbrochen und das gekeimte Korn unter kontrollierten Bedingungen gedarrt, d. h. getrocknet. Auch dieser Vorgang ist wichtig, denn die Dauer und Temperatur des Darrens beeinflussen Farbe und Aroma des Malzes, sprich er bestimmt über die spätere Art des Bieres. Außerdem wird das Malz so haltbar gemacht.

Wenn du das ausgewählte Malz am Brautag bereitstellst, dann sorge dafür, dass es möglichst frisch geschrotet ist. Solltest du den Luxus einer Malzmühle haben (gar nicht so teuer, aber wo hinstellen?), wird natürlich erst am Brautag geschrotet. Sonst achte darauf, dass dein Lieferant das Malz erst am Tage der Versendung schrotet (praktizieren die meisten so).

Ein Weizen wird beispielsweise besonders schön im Aussehen und Geschmack, wenn du Caramalz oder Karamellmalz, beimischst.

Der Hobbybrauer kann sich theoretisch Karamellmalz selbst herstellen: Ich zitiere jetzt mal einen kompletten Abschnitt aus der Hobbybrauer WiKi, damit du eine Vorstellung davon bekommst:

„Caramalz (Caramelmalz, Karamellmalz) kann entweder aus Grünmalz oder aus schon fertigem hellen Malz hergestellt werden. Dabei wird das noch feuchte Malz (fertiges Malz muss erst noch mindestens 12 Stunden eingeweicht werden) 3-4 Stunden bei einer Temperatur von 65-70 °C gehalten. Bei dieser Temperatur wird Stärke in die verschiedenen Zucker umgewandelt. Je nachdem wie dunkel das Karamellmalz werden soll, erfolgt die Karamellisierung bei 120-200 °C. Bei diesen Temperaturen läuft die Maillard-Reaktion ab und das Malz nimmt eine hell- bis dunkelbraune Färbung an.

Der Hobbybrauer kann sich Karamellmalz selbst herstellen: Zuerst muss das Malz (außer Gerstenmalz können auch andere Malzsorten verwendet werden) über mindestens 12 Stunden kalt eingeweicht werden. Es sollte soviel Wasser genommen werden, wie das Malz aufnehmen kann. Das eingeweichte Malz füllt man jetzt z. B. in Kastenformen, deckt diese mit Alufolie ab und erhitzt 3-4 Stunden bei ca. 70 °C im Backofen. Dann kommt das Malz auf Bleche und wird karamelisiert. Je nachdem welche Farbe das Karamellmalz bekommen soll, wählt man eine Temperatur zwischen 120-200 °C. Dabei muss das Malz zur Erzielung einer gleichmäßigen Farbe ab und zu umgeschaufelt werden. Durch Besprühen mit Wasser verhindert man, dass es im Bier einen brenzligen Geschmack hinterlässt.

Wichtig: Unbedingt rostfreie oder Kastenformen aus Ton verwenden, da anderweitig die Formen wegen des niedrigen pH-Wertes Rost ansetzen."

Also, wie gesagt, man kann selbst mälzen, an diesem Beispiel mal erläutert und auch schön beschrieben. Aber andererseits können wir auch froh sein, dass uns dieser durchaus komplexe Vorgang abgenommen wird und wir professionelles und für das Brauen optimiertes Malz bestellen können. Ich zumindest konzentriere mich lieber auf das Brauen. Vielleicht mälze ich mal selbst mein Getreide, vielleicht wenn ich in Rente bin und mehr Platz zur Verfügung habe. Bis dahin bin ich aber völlig ausgelastet mit der Anwendung der auf dem Markt verfügbaren Malzsorten.

Der Hopfen

Kommen wir zur zweiten entscheidenden Zutat: **dem Hopfen**.

Ihm kommen gleich mehrere Aufgaben zu. Seine Bitterstoffe und das Hopfenöl sind mit entscheiden für das individuelle Bieraroma. Die enthaltenen Gerbstoffe fällen Eiweiß und tragen zur Klärung des Bieres bei. Dann liefert der Hopfen aber auch schaumverbessernde Eigenschaften. Letztendlich und nicht unbedeutend für uns: Er gilt als natürliches 'Konservierungsmittel', da im gehopften Bier keine pathogenen (krankheitserregenden) Keime auftreten.

Toll oder? Dabei ist Hopfen ein empfindlicher Geselle. Wenn du mal das Glück haben solltest aus frischem Hopfen gebrautes Bier angeboten zu bekommen, dann greife sofort zu. Grüner Hopfen ist ein absolutes Frischeprodukt. Innerhalb weniger Stunden fängt er an, sich unter Wärmeabgabe zu zersetzenund zu müffeln. So übersteht der geerntete Hopfen kaum den stundenlangen Transport im Kofferraum eines Autos. Deshalb finden wir so ein Bier nur während der Erntezeit und dann eher direkt bei den Hopfenbauern. Diese haben nämlich den Trend entdeckt und bieten mit kleinen Brauanlagen im Hof teilweise das ultimativ frische Bier an. Für ein mit Frischhopfen gebrautes Bier muss der Brauer innerhalb von wenigen Stunden den Hopfen in seinen Sub bekommen.

Damit der Hopfen das ganze Jahr über verfügbar bleibt, muss er haltbar gemacht werden. Zuerst wird er auf der Darre getrocknet. Der Wassergehalt muss auf unter 12 % heruntergedrückt werden. Du bekommst ihn als ganze getrocknete Dolden (selten) oder als Pellets. Die meisten Brauereien verwenden heute die Pellets, sie sind einfach praktischer und auch für uns die einfachste Wahl. Du bekommst sie inzwischen in kleinen Hobbybrauereigrößen und vakuumverpackt, damit möglichst wenig von den wertvollen ätherischen Ölen verloren geht.

Bei der Herstellung der Pellets werden die Dolden vermahlen und anschließend gepresst. Zwei Qualitätsstufen haben wir: Pellets vom Typ 90 und Typ 45.

Beim Typ 90 werden ca. 90 % der Bestandteile des Rohhopfens oder der Dolde zu Pellets verpresst. Die Qualität und die Inhaltsstoffe entsprechen somit denen des verwendeten Rohhopfens. Die Pellets vom Typ 45 sind in ihrem Bitterwert standardisiert und es werden nur ca. 45 % der Doldenbestandteile verpresst. Es werden „unwichtige“ Pflanzenteile entfernt und damit eine höhere Ausbeute an Bitterstoffen und ätherischen Ölen erzielt. Das ist alles nützlich für gleichmäßige Brauergebnisse bei der Massenfertigung. Für den Hobbybrauer findet es wenig Anwendung und ist meist in den kleineren Mengen gar nicht verfügbar.

Prinzipiell unterscheiden wir zwischen zwei Hopfensorten: dem Bitterhopfen und dem Aromahopfen. Dann haben wir noch einen Hybriden, den Dualhopfen. Der Name sagt schon alles.

Der Bitterhopfen weist generell einen höheren Anteil an Alphasäure auf (diese bestimmt den Bittergehalt). Bitterhopfen hat davon in der Regel über 10 %. Er ist vor allem für den herben Geschmack im Bier zuständig. Inzwischen geben vor allem Craft Beer Brauereien den Bittergehalt ihres fertigen Bieres auf der Flasche in IBU an. Ein IBU entspricht einem Milligramm gelöster Alphasäure. Es sei hier aber betont, dass man nicht automatisch ein herbes Bier herausschmeckt, wenn es einen hohen IBU-Wert aufgedruckt hat. Er balanciert auch zu viel Süßes im Bier aus. Wenn du ein irisches Stout mit viel Karamellmalz in die Finger bekommst, dann lass dich nicht von einem hohen IBU von beispielsweise 60 abschrecken. Das Bier kann immer noch süß schmecken, aber ohne viel Bitterhopfen wäre es pappig süß. Ein typischer Bitterhopfen ist der „Magnum“.

Der Aromahopfen. Er hat einen Alphasäuregehalt von unter 10 %. Daher weist er nur eine dezente Bitternote auf. Dafür punktet er mit vielfältigen Geschmacks- und Geruchsvarianten, die in den unterschiedlich enthaltenen ätherischen Ölen enthalten sind. Abhängig von der Aromahopfenart kannst du so deinem Bier blumige, fruchtige, würzige und weitere Geschmacksnuancen verpassen! Allerdings ist es dafür wichtig, den Zeitpunkt der Hopfengabe zu beachten, denn du möchtest ja nicht diese ganze Geschmacksvielfalt wieder herauskochen. Hierzu später mehr.

Es wirkt sich bereits eine relativ kleine Menge an Bitterhopfen auf den Geschmack deines Bieres aus. Um den gleichen Effekt zu erreichen, musst du eine deutlich größere Menge an Aromahopfen hinzufügen (bis du eben wieder den gewünschten prozentualen Anteil erreicht hast). Dann ist anbautechnisch der Ertrag beim Bitterhopfen größer als beim Aromahopfen. Also was wird man hauptsächlich für das Herstellen von günstigem Massenbier benutzen? Du kannst mit deinem Bier den

Unterschied machen. Aromahopfen ist teurer, aber in unseren Mengen wirkt sich das monetär kaum aus.

Es soll sogar so schneubische Leute geben, die Aromahopfen auch für das Einstellen der Bitterkeit des Bieres benutzen, obwohl dann alle weiteren Aromen futsch gehen, nur weil sie keinen zweiten Hopfen auf Lager legen wollen (hüstel, habe ich auch schon so gemacht).

Um letztgenannter schändlicher Vorgehensweise entgegenzukommen, gibt es auch den **Dualhopfen.** Das sind Neuzüchtungen, die bei einem hohen IBU-Gehalt kräftige Aromen aufweisen und somit Bitterhopfen und Aromahopfen in einem sind. Um einen Namen zu nennen: „Hallertauer Perle“, den ich auch gerne verwende.

Habe ich schon erwähnt, dass Bier gesund ist? Der Hopfen hat daran einen nicht unerheblichen Anteil! Nicht umsonst wurde er zur Heilpflanze des Jahres 2007 gewählt. Seine Vorzüge und Anwendungen sind so vielfältig, dass sie dieses Buch sprengen würden. Tatsächlich gibt es Bücher, die sich nur mit diesem Thema befassen. Wer darüber mehr lesen will, dem empfehle ich gerne folgendes Buch:

„Arzneipflanze Hopfen“ (Schriftenreihe des Deutschen Hopfenmuseums), Ausgabe 2013

Wir aber wollen ja irgendwann zum Brauen kommen. Deshalb kommen wir zur nächsten Zutat: der Hefe.

Die Hefe

Wie sprechen hier von **Bierhefe.** Nur um Missverständnissen vorzubeugen: Hefe ist nicht gleich Hefe. Also bitte nicht auf die Idee kommen, Backhefe in die Würze zu kippen. Wenn du Glück hast, bekommst du sogar eine kleine Gärung zustande, aber das Ergebnis... Ich würde es spaßeshalber gerne mal probieren. Wie schmeckt das dann eigentlich? Aber nein, lieber nicht. Das tut mir dann doch zu sehr in der Seele weh. Nein, in unser Bier gehört natürlich erstklassige Bierhefe.

Bierhefen, Weinhefen und Backhefen, das sind alles Kulturhefen, die auf ihren jeweiligen Einsatz zugeschnitten sind! Es wurde mit viel Aufwand um die Hefe geforscht. Unter anderem hat sich hier das vorhin schon erwähnte Institut in Weihenstephan herausgetan. Aber auch aus England, Belgien oder Amerika kommen ganz hervorragende Kreationen.

Manchmal und bis heute ist die Brauereihefe eines der am besten gehüteten Geheimnisse einer Brauerei. Dann wiederum hatten viele Braumeister aber auch gar kein Problem damit, auf Bitten eines armen Studenten hin etwas von ihrer Brauhefe abzugeben – ganz kostenlos.

Heute gibt es bei der Bierhefe viele Unterschiede. Jede Hauptbiersorte hat ihre eigene Hefe. Manche unterstützen den gewünschten Biergeschmack, manche haben eine höhere Alkoholtoleranz, manche benötigen unterschiedliche Temperaturen für gute Ergebnisse. Gemeinsam haben sie, dass sie einen wichtigen Anteil am Biergeschmack haben. Zum Glück findest du bei den Betreibern des Onlinehandels eigentlich immer auch eine Anwendungsbeschreibung des Herstellers zu seiner Hefe. Das sind durchaus wichtige Informationen, denn nichts ist frustrierender als eine Gärung, die nicht anspringen will. Du hast dir ein tolles Rezept ausgedacht oder willst eins nachkochen, bist früh aufgestanden, hast minutiös gebraut und dann will das dumme Ding einfach nicht vergären! Wenn es mit der Gärung zu lange dauert, kannst du leider nur eines machen: Das Zeug ins Klo kippen, dann haben wenigstens die Ratten in der Kanalisation noch etwas davon.

Also keine Kompromisse hier. Mehr dazu nachher in der Praxis.

Noch eine generelle Anmerkung: Wenn ich hier im Buch über Bierhefe schreibe, dann meine ich immer Trockenhefe. Sie ist vom Handling einfacher als Flüssighefe, auch wenn es bei der Flüssighefe mehr Auswahl gibt. Also gerne mal ansehen, was der Lieferant so an beiden Varianten anbietet, aber zumindest anfangs ist die getrocknete Variante ist die beste

Wahl für den Hobbybrauer – und zudem viel länger haltbar.

Was besser schmeckt oder ob überhaupt ein Unterschied zu schmecken ist, wird in den Foren viel diskutiert. Probiere es doch gerne selbst aus, sobald du etwas sicherer im Thema steckst. Immerhin werden ja inzwischen schon portionsgerechte Packungen für einen 20-Liter-Sud angeboten. Trotzdem belassen wir es zunächst einmal bei den einfachen und wirkungsvollen getrockneten Gesellen.

Einen wichtigen Unterschied wollen wir hier aber noch klären, weil das allenthalben aufkommt. Den Unterschied zwischen obergäriger Hefe und untergäriger Hefe.

Kurz als Richtwert: Obergärige Hefe gärt bei wärmeren Temperaturen, Je nach Stamm zwischen 16 und 22 °C. Die untergärige Hefe mag lieber niedrigeren Temperaturen von ca. 8 bis 12 °C. Die genaue Temperatur hängt immer vom Hefestamm ab und wird vom Hersteller (Verpackungshinweise beachten!) angegeben. Sie unterscheiden sich dann teilweise noch deutlich vom Richtwert.

Generell muss man jetzt bei untergäriger Hefe auch nicht wegen der niedrigen Gärtemperatur in Panik geraten. Es ist auch nicht schlimm, wenn man untergäriges Bier zum Ende der Gärung wärmer werden lässt, die kalte Anstelltemperatur ist viel entscheidender. Zumal moderne untergärige Hefe auch bei höheren Temperaturen arbeitet. Trotzdem darfst du dich nicht über die Herstellerinformationen auf der Hefe hinwegsetzen, wenn du ein gutes Ergebnis erzielen willst. Das sei noch einmal betont.

Dein Rezept und deine Möglichkeiten zur Temperaturregelung werden also ausschlaggebend sein, welche Variante du wählst. Fast genauso wichtig ist es, die Gärtemperatur konstant zu halten bzw. langsam an andere Temperaturen zu gewöhnen. Hefe mag es ruhig und zu schnelle Schwankungen können den ganzen Vorgang kippen. Hobbybrauer, die im Kühlschrank untergäriges Bier herstellen wollten, stellten manchmal fest, dass dieser zu rabiat die Temperatur regelte, das heißt stark herunterkühlte und relativ spät erst wieder ansprang. Das zigmal am Tag und über eine Woche hinweg, kann das Aus für eine empfindliche Hefe bedeuten. Das nur zur Warnung.

Eine nicht zur Hefe passende Temperatur mag zwar augenscheinlich auch zur erfolgreichen Gärung führen, wird eventuell aber trotzdem nicht schmecken, weil sie ihren Geschmack nicht voll entfalten kann.

Die Hefen haben ihren Namen von ihrem Verhalten. Die obergärige Hefe steigt nach dem Beginn der Gärung nach oben und bildet dort einen Teppich aus Schaum. Sie verbleibt dort, bis die Gärung beendet ist und aller Extrakt oder Zucker vergoren ist. Die untergärige Hefe nicht. Sie bildet zwar auch etwas Schaum, sinkt dann aber zum Boden und gärt dann dort unten quasi weiter. Von der Funktion macht es keinen Unterschied.

Interessant ist auch die unterschiedliche Dauer der Vergärung. Untergäriges Bier benötigt viel mehr Zeit, weil bei niedrigen Temperaturen die Hefe länger für ihre Arbeit und Vermehrung benötigt. Dafür setzt sie sich allgemein besser ab und klärt das Bier besser. Ein grober Richtwert: Untergärige Biere benötigen etwa 2-4 Wochen zur vollständigen Gärung, obergärige manchmal nur 4 Tage bis 2 Wochen. Auch das sind nur Richtwerte! Du kannst den genauen Grad der Vergärung z. B. mittels Refraktometer bestimmen.

Typische Beispiele für obergärige Biere:

- Pale Ale, IPA
- Stout und Porter
- Weißbier
- Export

Typische Beispiele für untergärige Biere:

- Pilsener (auch obergärig)
- Helles Lager
- Märzen
- Maibock

Das sind aber nur Richtlinien. Ein Pils kann zum Beispiel auch gut mit obergäriger Hefe kombiniert werden, auch ein Maibock und ein schönes helles Vollbier kommt meist untergärig daher.

Selbstredend, dass wir im Hobbybereich und ohne den Luxus eines kalten Kellers leichter mit obergäriger Hefe hantieren werden. Ich habe aber auch schon Hersteller entdeckt, die für ihre untergärige Hefe relativ hohe Verarbeitungstemperaturen zulassen und das erweitert unsere Möglichkeiten wieder – vor allem wenn uns noch die kältere Jahreszeit unterstützt.

Denn der Spruch ist überall bekannt, muss jetzt aber einfach her: „**Der Brauer macht die Würze, die Hefe macht das Bier**."

Unser Job ist es lediglich, der Hefe gute Arbeitsbedingungen zu ermöglichen.

In zwei weiteren Bereichen unterscheiden sich die Hefen:

- Endvergärungsgrad
- Sedimentation

Manchmal ist gar keine gute Endvergärung gewünscht. Wenn die Hefe nicht so viel von dem Zucker abbaut, dann verbleibt Restsüße im Bier. Das mag zur Süffigkeit beitragen. Bei einer hohen Endvergärung, also einem hohen Grad Ausbeute an Alkohol, wird das Bier eher schlank und trocken, so wie meist bei Bockbieren gewünscht. Auch das Bittere am Hopfen kommt deutlicher durch. Manche Biere haben einen hohen IBU-Gehalt (also Bittergehalt) auf dem Papier, schmecken aber gar nicht so, weil sie viel Restsüße haben. Dunkle Malzbiere sind hierfür ein Beispiel. Oder das vorhin erwähnte Irish Stout.

Die Sedimentation ist weitgehend selbsterklärend. Sie entscheidet über die Klarheit des Bieres und darüber, wie gründlich sich die Hefezellen nach der Gärung am Boden absetzen. Beim Hefeweizen wird man die Hefe zum

Beispiel gerne im Glas lassen wollen, also eine niedrige Sedimentation wählen.

Du siehst, die Wahl der Hefe ist wichtig und deshalb wirst du irgendwann auch mal auf Flüssighefe zurückgreifen wollen. Wichtiger für jetzt ist aber: Bitte nur Bierhefe verwenden! Und das ist durchaus ernst gemeint, denn es gibt genug Leute, die es auch mit Backhefe probiert haben.

Das Wasser

So jetzt haben wir alle wichtigen Grundzutaten beisammen! Oder nein, eines fehlt noch: **das Brauwasser.** Keine Angst, das können wir jetzt schnell abhandeln. Zumindest im Amateurbereich. Denn der Profi oder Braumeister wird dieses Thema natürlich nicht auslassen. Auch hier gibt es ganze Bücher zum Thema.

Ja, der pH-Wert hat Einfluss auf die Enzymaktivität in der Maische – bei hellem Bier mehr als bei dunklem. Das Malz an sich sogt schon für das notwendige saure Millau. Die Zugabe von etwas Sauermalz kann zusätzlich helfen und ist manchmal Bestandteil der Bierrezepte. Für uns aber ist es zunächst zu vernachlässigen. Lerne erst einmal das Handwerk des Brauens, vertraue der europäischen EG-Trinkwasserrichtlinie und unseren Wasserwerken, dass sie diese durchführen (was in Deutschland auch der Fall ist, die meisten Trinkwasserversorgungen sind in den mittleren Bereich eingestellt). Genieße deine ersten hervorragenden Ergebnisse. Dann kannst du dich immer noch gerne in das Feintuning begeben.

Besondere Zutaten

Das Gleiche gilt für die besonderen Zutaten. Wenn du einmal das Deutsche Reinheitsgebot vergisst, bieten sich dir noch viele weitere

Möglichkeiten. Ich sage nur Orangenschalen, Eichenholzschnipsel, Korianderfrucht, Süßholz, Holunderblüten, Gewürznelken, Vanillie, und, und, und. Nicht zu vergessen auch besondere Schüttungen mit Haferflocken, Reis und ähnlichem. Diese sind jedoch nicht Bestandteil dieses Buches. Aber Wert mal zu schauen, was die Community im Netz so an Rezeptvariationen anbietet und es auszuprobieren – für später.

Der Brautag

Bevor du den Brautag startest, beantwortest du dir bitte zwei Fragen:

1) Was für ein Bier soll es werden? Das haben wir für dieses Mal festgelegt. Ein naturtrübes Pilsener. Genau nach dem ersten Rezept im Anhang dieses Buches.
2) Habe ich genug Zeit? Brauen – das wirst du immer wieder hören – ist eine gemütliche Angelegenheit. Gut geeignet, um runterzukommen. Therapeutisch empfohlen bei Hektikern. OK, letzteres weiß ich nicht, hilft aber bei mir. Jedenfalls würde ich mir für den Anfang 6-8 Stunden Zeit geben. Ja, es heißt nicht umsonst Brau*tag*. Das mag später schneller gehen, aber nimm dir die Zeit einfach. Lade vielleicht einen guten Freund dazu ein und die Frau aus, denn die Küche ist blockiert. Oder deine Frau macht mit – noch besser.

Dann empfehle ich den Vorgang zu protokollieren. Da bieten allerlei Leute Brautagebücher oder Tabellen im Netz an. Ziel ist es immer, nichts zu vergessen, was dokumentiert gehört. Ich selber habe mir einfach eine Excelliste erstellt, die dadurch gleichzeitig mein wachsendes Rezeptbuch darstellt. Der Vorteil ist hier die Flexibilität. Ich kann – neben der Dokumentation – meine Rezepte problemlos nachbessern/feintunen oder Besonderheiten mit ins Protokoll aufnehmen. Als Folge wächst gar nicht so sehr die Anzahl der Rezepte, sondern sie werden immer besser auf mich abgestimmt.

Deshalb wähle ein System, das dir sowohl die Reproduzierbarkeit sicherstellt als auch deinen Fortschritt. Denn egal was einer im Netz schreibt oder ich dir hier schreibe – das Maß aller Dinge ist schließlich DEIN Geschmack. Deswegen machen wir das doch, oder? Um unser ureigenes Bier zu brauen, noch dazu unverfälscht und gesund. Dazu müssen wir eben die Schritte dokumentieren und anpassungsfähig halten.

Was wird dokumentiert? Hier die Basics:

1) Die Zutaten und deren Eigenschaften (wie beim Hopfen der Alphasäuregehalt in %)
2) Der Brauvorgang (wie lange, was und bei welcher Temperatur)
3) Das geschmackliche Ergebnis und was anders werden soll

Im Anhang findest du das Muster eines Beispielprotokolls, an dem du dich orientieren kannst. Du kannst es ganz einfach in deine Excel übertragen.

Zu den Rohstoffen, die wir benötigen. Ein paar Zeilen weiter unten findest du die Zutaten für unser Pilsnerrezept.

Es gibt viele Lieferanten im Internet, die sich inzwischen auf Hobbybrauer eingestellt haben und uns hier hervorragend bedienen. Bitte google einfach mal. OK, ich gebe dir auch zwei, drei Empfehlungen, die ich selbst gerne nutze, aber das sind wirklich nicht alle guten Quellen:

- Hobbybrauereiversand.de (große Vielfalt an Zutaten und Ausrüstung)
- Gastro-Brenneke.de (wenn es zusätzlich mehr in den Profibereich gehen soll)
- Brauen.de
- Und viel weitere

Besorge dir auf einer dieser Seiten also folgende Zutaten:

- 4,5 kg Pilsener Malz, geschrotet,
- 60 g Hopfenpellets mit ca. 7 % Alphasäuregehalt (z. B. Hallertauer Tradition, oder Sterling, oder Saazer, bei weniger Alphasäure die Menge anpassen!) sowie
- 12 g obergärige Bierhefe als Trockenhefe, ausreichend für 15-20 Liter Bier (Herstellerinformationen beachten).

Für zu Hause gibt es eigentlich nur ein Brauverfahren, das so auch in vielen Brauereien verwendet wird und das nennt sich Infusionsmaischverfahren. Ich werde dir nachfolgend die einzelnen Schritte erklären und was da mit unserem Sud passiert. Wenn du ungeduldig bist und gleich loslegen willst, kannst du auch gleich zur

Kurzfassung im nächsten Kapitel springen.

Ich empfehle aber trotzdem unbedingt, sich mit den einzelnen Schritten vertraut zu machen. Es gibt Variationen und Rezeptanpassungen sowie Tipps zum Handling, die du nicht verpassen solltest und die letztendlich auch nötig sind, wenn du selbst kreativ werden willst.

Das Infusionsmaischverfahren:

Es definiert sich über die sogenannten Rasten, also die Zeit, die unser Sud auf einer bestimmten Temperatur gehalten werden muss:

1) **Einmaischen bei 38 °C**
2) **1. Rast: Eiweißrast, 20 Minuten bei 52 °C**
3) **2. Rast: Maltoserast, 50 Minuten bei 60-63 °C**
4) **3. Rast: Verzuckerungsrast, 15 Minuten bei 72 °C**
5) **Abmaischen bei 78 °C: 15-20 Minuten – dann kommt das Läutern**
6) **Kochzeit nach dem Abmaischen und Läutern: 60-90 Minuten**

Spätestens jetzt wird klar, warum ein einfacher Kochtopf die Arbeit ungleich schwieriger machten würde, denn dieser Ablauf ist wichtig für das Ergebnis. Dabei können die Zeiten und Ablauf durchaus etwas variieren. Also: Merke dir dieses Schema (oder halte einfach mein Buch griffbereit □).

Bevor es losgeht – Maischen und Läutern kurz erklärt:

Beim Maischen schaffst du durch die verschiedenen oben aufgeführten Temperaturen optimale Bedingungen für die unterschiedlichen Enzyme aus dem Malzschrot. So gehen sie optimal in die Maische über und spalten die Stärke zu Zucker. Diesen benötigen wir ja für die spätere Vergärung.

Beim Läutern wird nach dem Maischen der Treber (die ausgekochten Spelze) von der Würze getrennt. Die flüssige Würze bleibt übrig, wird gekocht, der Hopfen beigefügt und dann zur Gärung umgefüllt.

Also dann: Auf gehts zum ersten Arbeitsschritt! Wir arbeiten mit Umfüllen, und da hilft uns die Schwerkraft. Also stelle deinen Einwecktopf auf den Tisch oder den Herd. Unter die Abzugshaube platziert, wäre ein guter Platz, denn es werden vor allem beim Kochen Dämpfe entstehen.

Einmaischen

Fülle den Topf jetzt mit 20 Liter 40-45 Grad heißem Wasser. Das solltest du noch gut aus der Wasserleitung hinbekommen. Kippe das komplette Malz in den Brausack (auch Maischesack genannt) und versenke diesen in der Flüssigkeit. Dann sinkt die Temperatur wieder auf ca. 38 Grad – unser Ziel. Die Ränder des Maischsacks kannst du jetzt schön über den Topfrand legen, sodass das Malz offen für das Maischepaddel im Topf schwimmt. Rühre ein paarmal um, damit alles schön verteilt ist. Es sollten keine Klümpchen entstehen.

Verwendest du keinen Maischesack, dann kippst du das Malz einfach in den Topf. Du wirst dann eine gelochte Schöpfkelle benötigen, um das Malz später wieder herauszuholen.

Weiteres Rühren ist vorerst nicht nötig. Dieser Schritt dient lediglich dem Vorbereiten des Malzes für den Maischevorgang. 10 bis 20 Minuten Einweichdauer genügen.

Immer mehr Hobbybrauer überspringen diesen Schritt, weil das heute verfügbare Malz schon sehr gut auf den Maischevorgang abgestimmt ist. Früher war das aber durchaus wichtig. Da hat man manchmal sogar über Nacht eingeweicht.

Wir machen einen Kompromiss. Ist unser leckerer Rohstoff im Topf und kurz umgerührt, fangen wir zeitnah mit dem Aufheizen zur nächsten Stufe an. Das dauert soundso immer etwas.

Eiweißrast

Diese ist jetzt schon wichtiger. Erhitze das Wasser auf etwa 52 Grad. Kontrolliere immer wieder mit dem Thermometer. Halte es ca. 20 Minuten.

Hier geht es jetzt um den Abbau und Umwandlung unerwünschter Proteine. Das entscheided später über die Klarheit des Bieres und die Schaumbildung. Es ist noch nicht nicht viel Rührarbeit nötig. Die Maische ist jetzt milchig und bildet Schaum.

Der nächste Schritt – die nächste Rast – ist noch wichtiger.

Maltoserast

Heize jetzt auf 63 Grad auf. Du kannst in diesem Stadium gerne den Deckel deines Einwecktopfes aufsetzen, damit es schneller geht. Vergiss aber nicht gelegentliches Umrühren, damit nichts am Boden anbrennt und gleichmäßiges Hochheizen gewährleistet ist.

Bei etwa 63 Grad bilden die Beta-Amylasen die größte Menge vergärbaren Zucker – ein Schritt, der für die Vollmundigkeit des Biers von großer Bedeutung ist. Auch der spätere Alkoholgehalt wird jetzt bestimmt. Und jetzt ist Umrühren wieder wichtiger, damit möglichst jedes Körnchen gleichmäßig betroffen wird.

An dieser Stelle eine generelle Aussage zu den Temperaturen. Die Enzyme sind in jedem der angeführten Temperaturbereiche aktiv. Sonst hätten die Brauer im Mittelalter ja gar kein Bier hinbekommen. Aber die neue Forschung hat eben optimale Wirkbereiche für die unterschiedlichen Braustufen herausgefunden. Wir können heute viel steuern und damit zum Beispiel verschiedene Bierstile kreieren, wenn wir die Steinzeitmethode ablegen. Weil wir heute viel besser verstehen, was da im Sudhaus genau passiert. Und auch wenn wir nur in unserer Küche brauen, wir machen es wie die Profis! Gutes und reproduzierbares Bier benötigt gutes Handwerk. Das Ergebnis dankt es.

Du hast also die 50 Minuten Maltoserast eingehalten. Gut! Du kannst den Fortschritt schmecken. Anfangs war die Maische noch eher mehlig, jetzt ist sie klebrig süß. Wie klebrig wirst du spätestens merken, wenn etwas davon den Herd hinuntergelaufen ist und du am nächsten Tag die Knöpfe bedienen willst. Also gleich aufwischen, wenn etwas kleckert. Ansonsten ist das genau gut so. Der Malzzucker löst sich zunehmend in der Flüssigkeit.

Jetzt wäre auch die Zeit für einen Zwischenschritt: **die Jodprobe**. Diese weist gut den Fortschritt des Stärkeabbaus nach. Ist nämlich noch Stärke in der Maische, dann kannst/solltest du die Maltoserast ausdehnen. Warum keine klare Aussage? Weil es zu Gunsten der Vollmundigkeit und zu Ungunsten der Stammwürze manchmal gar nicht gewünscht ist, die ganze Stärke abzubauen. Bei schlanken Bieren und/oder viel Stammwürze oder bei schlechtem pH-Wert im Wasser, kann die Maltoserat jedenfalls gerne mal länger dauern. Das trifft auch bei nicht so enzymstarken Malz und bei sogenannten Problemschüttungen zu, die viel Rohfrucht wie unvermälztes Getreide (zum Beispiel Haferflocken) enthalten. Wenn also die Maltoserast doppelt so lange dauern sollte, ist das auch kein Problem.

Das Prüfen kennst du vielleicht noch aus der Schule: Etwas von der Maische auf einen Teller geben und ein paar Tropfen Jod dazugeben. Die Farben zeigen das Ergebnis:

- **Lila bis schwarz:** Es ist noch reichlich Stärke vorhanden, die nicht vergärbar ist, also weiter
- **Rot bis braun:** Das ist schon gut. Kaum noch Stärke vorhanden. Mache gehen jetzt sogar schon zur nächsten Rast
- **Gelb bis orange:** fertig! Mehr geht nicht. Der Fachbegriff dafür heißt: **Jodnormalität**

Spätestens jetzt müssen wir auch auf die Vorteile des Refraktometers zu sprechen kommen. Das Jod zeigt an, wie weit die Rast fortgeschritten ist. Das Refraktometer zeigt dir schnell und unkompliziert an, wie viel Sacharose, sprich Zucker in der Flüssigkeit ist. Das heißt, du kannst sehr schön verfolgen, wie viel Stammwürze du gerade erzeugst. Probiere das mal aus! Wie viel zeigt es am Anfang an und wie ist der Fortschritt im Laufe der Rast? Ändert sich der Wert nicht mehr und du hast immer noch schwarzes Jod? Dann läuft vielleicht die Jodmessung nicht korrekt ab. Es reicht ein Tropfen Jod auf einen Esslöffel Maische. Wenn du zu viel Jod hast, wird es immer schwarz. Wenn sich der Wert im Refraktometer nicht mehr ändert, kannst du getrost zur nächsten Rast übergehen.

Mit dem Refraktometer kannst du übrigens auch die gewünschte Stammwürze super nachjustieren, indem du zum Beispiel Wasser nachkippst oder Wasser verkochen lässt. So bleibt dein Ergebnis kontrollierbar. Vielleicht benötigst du ja das nächste Mal mehr (oder weniger) Malz? Stammwürze ist jedenfalls das A & O des Bieres. Sie wird sich im Laufe des Brauvorgangs noch ändern, weil Wasser verdampft.

Was ist eigentlich **Stammwürze?**

Der Gehalt der unvergorenen Anstellwürze, aus der das Bier hergestellt ist bzw. wird. Der Gehalt an löslichen Stoffen in Prozenten. Oder einfacher: Die Stammwürze gibt an, wie viele der festen Bestandteile aus Malz und Hopfen in die Würze übergegangen sind, und zwar VOR dem Einsetzen des Gärungsprozesses. Die gelösten Bestandteile bestehen hauptsächlich aus Malzzucker, der ja nachher vergoren wird. Aber auch aus Eiweiß, Mineralstoffen, Aromastoffen und Vitaminen. Also: Zucker wird einfach Alkohol. Stammwürze aber, das wird echtes Bier!

Gut, du hast also Jodnormalität erreicht oder so viel Stammwürze im Refraktometer gemessen, dass dir himmelangst wird, weil du keinen Doppelbock produzieren möchtest. Das war nicht ganz ernst gemeint, du wirst wahrscheinlich weder das eine noch das andere jetzt schon erreicht haben. Das passiert dann in der nächsten Stufe. Wir gehen über zur nächsten Rast und heizen unter Rühren auf 72 Grad auf.

Verzuckerungsrast

Bei rund 72 Grad sind dann die sogenannten Alpha-Amylasen besonders aktiv. Sie wandeln die Stärke in verschiedene Zucker um, in der Hauptsache Maltose, die dann später im Gärtank durch Zugabe der Hefe zu Alkohol und Kohlensäure umgewandelt wird. Aber nicht nur das, sonst könnten wir ja schon mit der vorigen Rast aufhören. Es entstehen außerdem bei dieser Temperatur verstärkt die nicht vergärbare Stoffe, die dem Bier seinen Geschmack geben. Das ist auch wichtig für die spätere Vollmundigkeit im Bier. Gleichzeitig werden die Alpha-Amylasen hier noch den größten Anteil nicht vergärbaren Zuckers bilden. Das Bier wird quasi abgeschlossen. Nein, das ist nicht ganz korrekt. Die Gewinnung des vergärbaren Anteils wird abgeschlossen.

Es mag genügen, diese Rast 15 bis 20 Minuten zu halten. Wahrscheinlich wirst du bei der Maltoserast noch keine Jodnormalität erreicht haben, das war auch gar nicht das Ziel. Jetzt kannst du es anstreben.

Zitat aus der Hobbybrauer Wiki: *„Ein hoher Endvergärungsgrad wird erreicht, wenn der Verzuckerungsrast eine ausgedehnte Maltoserast bei gut aufgeschlossener Stärke vorausgeht."*

Möchtest du also keinen so hohen Endvergährungsgrad erreichen (Stichwort Restsüße), dann verkürze die Maltoserast. Wir als Hobbybrauer haben hier den Vorteil, dass wir nicht das Letzte aus dem Malz herausholen müssen. Wirtschaftliche Erwägungen fallen aufgrund der geringen Menge kaum ins Gewicht. Was kostet es schon, wenn wir 200 g oder 500 g mehr Malz ansetzen? Gut, wenn wir alle Zutaten in Bioqualität wählen, fällt das dann doch wieder ins Gewicht, aber hallo? Ein komplettes Biobier in unserer Lieblingsausführung? Das ist doch auch mal eine Ansage und auf dem Markt habe ich zwar schon vereinzelt Biobier entdeckt, aber noch nie für meinen Geschmack.

Noch einmal zurück zur Endvergärungsgrad und Restsüße. Ich habe vorhin erwähnt, dass bei der Verzuckerungsrast auch ein Teil in nicht vergärbaren Zucker umwandelt wird. Das bietet uns einen gewissen

Spielraum. So sollen im Allgemeinen helle Biere einen höheren Grad an Endvergärung erreichen (ca. 78-85 %) als die typischerweise süßeren dunklen Biere (so 68-75 %). Wir haben also durch die Art der Führung der Maische gewissen Einfluss (hier kann dann auch der PH-Wert des Wassers wieder eine Rolle spielen) auf das Verhältnis zwischen den vergärbaren und unvergärbaren Bestandteilen, sprich der Restsüße und Vollmundigkeit im Bier.

Abmaischen

Nach der Verzuckerungsrast sind die meisten Beta-Amylasen schon inaktiv. Sie fangen schon ab 65 Grad an, Schaden zu nehmen. Aber jetzt wollen wir auch sichergehen, dass sie wirklich ihre Arbeit einstellen, denn sie können manchmal ziemlich hartnäckig sein. Das passiert bei 78 Grad recht zuverlässig. Gleichzeitig möchten wir aber nicht jenseits der 80 Grad kommen, weil hier schon wieder unerwünschte Gerbstoffe und nicht erschlossene Stärkereste gelöst werden. Beides soll nicht in unser Bier kommen. Also ist hier eine genaue Einhaltung der Temperatur notwendig. Wir halten hier 15 bis 20 Minuten aus. Weil das Temperaturfenster recht eng ist (bei Schwankungen: Besser zu niedrig als zu hoch), musst du darauf achten, die Wärme gleichmäßig zu verteilen. Also ist wieder Rühren und Nachmessen angesagt.

Kurze Anmerkungen zum Halten der Temperaturen: Je größer dein Sudvolumen, desto einfacher wird es, die Gradzahlen einzuhalten. Es dauert zwar länger aufzuheizen, aber genauso wird auch die Temperatur länger gehalten. Wir gehen ja immer von den üblichen 20 Litern eines Einwecktopfes aus, da funktioniert das schon recht gut. Die Kleinversuche in den Komplettsets mit ihren 3-5 Litern haben es hier schon viel schwerer.

Läutern und Nachgüsse

Nach 15-20 Minuten bei 78 Grad wird es an der Zeit, den nun ausgelaugten Treber aus dem Sud zu entfernen. Ja, stimmt. Jetzt heißt es ja nicht mehr Malz oder Maische, denn das ist jetzt in Form von Malzzucker gelöst in deinem Sud. Die übrig gebliebenen Spelze und festen Bestandteile nennt man Treber. Und jetzt kommt der große Unterschied zwischen dem herkömmlichen Läutern und dem Arbeiten mit Hilfsmitteln wie dem Maischesack, Läuterhexe, Läuterblechen und Co.

Wir arbeiten mit dem Maischesack als einfachstem Hilfsmittel. Ich erkläre trotzdem beide Varianten. Du solltest sie beide handwerklich ausführen können und praktizieren. Vielleicht steht dir dein Maischesack ja auch gerade nicht zur Verfügung, weil du den Gitterrost vergessen hast und er dir am Boden festgebacken ist. Oder dein Freund hat ihn sich ausgeliehen. Oder deine Frau wäscht gerade ihre besonders empfindliche Wäsche darin. Jedenfalls solltest du es auch mal herkömmlich gemacht haben.

Herkömmliches Läutern

Hier nimmst du jetzt das Sieb aus unserer Ausrüstung und setzt es auf den Plastikeimer. Dieser Eimer wird jetzt dein Läuterbottich. Die Maische muss nun vom Einkocher in genau dieses Gefäß. Zuerst schöpfst du möglichst viel von dem Treber mithilfe einer gelochten Kelle aus dem Einwecktopf und schichtest es nach und nach in das Sieb. Das wird jetzt eine sehr effiziente Filtermasse. In der Kurzanleitung findest du davon auch ein Bild, wie das dann aussieht.

In diesem Zusammenhang fällt manchmal der Begriff Läuterruhe. Damit ist gemeint, dass man die Würze 10-20 Minuten stehen lässt, damit sich der Treber schön absetzen kann. So wird er einfacher herausgeschöpft und auf dem Sieb drapiert. Das mag ein etwas besseres Filterergebnis liefern. Du kannst es gerne einmal ausprobieren.

Ich verzichte darauf und schöpfe mit einer gelochten Nudelkelle gleich ab (oder ich verzichte ganz darauf und verwende einen Maischesack, wie im nächsten Absatz beschrieben).

Ist ein Großteil des Trebers im Sieb, nimmst du einen Messbecher oder ein anderes geeignetes Gefäß und gießt deinen Sud – der auch noch Schwebstoffe und Treber enthalten wird – über das Sieb, bis dein Einwecktopf komplett leer ist. Hiermit hast du deine Maische geläutert und alle nicht mehr benötigten festen Stoffe sowie einige Schwebestoffe und Ausfällstoffe herausgefiltert! Wie schon gesagt: Ganz klar wird dein Bier ohne aufwendige Filtrierung nie werden und wer will das auch schon? Wer es doch lieber klar hat, der kann ja später beim Abfüllen noch einmal filtern, oder, nachdem das Bier in der Flasche gereift ist, den Satz auf dem Boden der Flasche belassen. Ich schüttle ihn immer auf.

Dein Einwecktopf sollte jetzt leer sein. Säubere ihn schon mal, denn nachher kommt hier dein geläuterter Sud wieder rein.

Zurück zum Treber. Da ist noch Potenzial vorhanden, und zwar in Form von noch nicht herausgewaschenem Malzzucker. Den wollen wir nicht wegwerfen und deshalb gibt es **Nachgüsse!** Während des Läuterns hast du idealerweise das Wasser schon für den Nachguss auf 78 Grad erhitzt. Bei dieser Temperatur ist der Auswaschvorgang am effizientesten, wenn es ein paar Grad weniger sind, ist es auch nicht schlimm, nur sollte es eben nicht über die 80 Grad kommen.

Manchmal macht der manuell aufgeschichtete Treber Ärger, weil er sich so stark verdichtet, dass keine Maische mehr durchfließen will. Reines Weizenmalz soll hier öfters mal Probleme machen. Roggen auch. In diesem Fall musst du versuchen, den Treber immer wieder mit etwas Stabilem aufzulockern, vielleicht mit einem Spachtel. Einen tollen Tipp habe ich mal in einem Forum gelesen: Da hat jemand einfach Stroh (in Bioqualität aus dem Zoohandel) unter den Treber gemischt und damit gabs kein Verstopfen mehr bei nach wie vor guter Filterung.

Jedenfalls sollte der Nachguss über den Treber fließen, bevor dieser austrocknet ist. So schnell passiert das nicht, also ist keine Hektik nötig. Die Rezepte haben hier oft Literangaben für den Nachguss, die vor allem den Grund haben, die Stammwürze so ungefähr einzustellen.

Wir haben es mit dem Refraktometer aber wesentlich komfortabler. Nimm es jetzt doch mal zur Hand und miss die Stammwürze deines Sudes, der jetzt vielleicht schon wieder im Einwecktopf ist und dann den des Nachgusses, der ja noch im Plastikeimer (dem Läuterbottich) verweilt. Du wirst sehen, dass selbst im Nachguss noch einiges an Stammwürze vorhanden ist.

Fülle jetzt auch den Nachguss in deinen Einwecktopf, bis er voll ist oder du die gewünschte Stammwürze erreicht hast. Hast du etwas mit der Menge an Rohstoffen gespart und zu wenige Ausbeute, dann ist immer noch nichts verloren. Durch das darauffolgende Kochen wird Wasser verdampfen und damit automatisch deine Stammwürze wieder ansteigen. Du brauchst nicht schätzen. Du kannst es mit dem Refraktometer genau kontrollieren und damit einstellen.

Verwendung des Maischesacks

Hast du von Anfang an das Malz in den Maischesack getan, bist du jetzt in einer komfortablen Situation. Du packst die Enden, die ja die ganze Zeit über dem Rand des Topfes hingen, und hebst den Treber komplett hinaus. Achtung, das ist nicht ganz leicht, weil ja noch eine Menge Flüssigkeit darin ist. Den Plastikeimer, der jetzt zum Läuterbottich geworden ist und das Sieb darauf hat, hast du ganz in die Nähe gestellt. Da beim Hinüberhieven des Maischesacks in das Sieb Flüssigkeit heruntertropfen wird, hast du vielleicht ein Tuch darunter gelegt. Was daneben geht, würde ich jedenfalls gleich aufwischen. Wenn es mal eingetrocknet ist ... naja es ist flüssiger Zucker. Es wird dann kleben und die Küche soll ja möglichst ohne Kämpfe für weitere Brauprojekte zur Verfügung stehen.

Also, der Maischesack sitzt jetzt satt im Sieb und darf abtropfen. Sehr viel einfacher und zeitsparender als das händische Herausschöpfen des Trebers und das eventuelle Einhalten einer Läuterruhe.

Durch den feinporigen Maischesack entfällt das Läutern, denn das hat der Sack bereits erledigt. Also entfällt auch das händische Übergießen des Trebers mittels dem Schöpfgefäß und auch das Zurückfüllen in den

Einwecktopf, der zudem nicht extra gesäubert werden muss. Der Sud verbleibt einfach im Topf. Ach ja, verstopfen gibt es mit dem Sack auch nicht. Er ist einfach mein Favorit. Den **Nachguss** machen wir hier allerdings auch, denn natürlich haben wir auch hier noch das Potenzial nicht vollständig ausgewaschenen Malzzuckers. Und jetzt, wo der Treber aus dem Topf ist, haben wir ja wieder Platz zum Nachfüllen! Die Bierausbeute wird es uns danken.

So, damit hat der Treber seinen Job erledigt. Du kannst jetzt damit deine Brotbackmischung verfeinern, ihn den Schweinen des Bauern am Ort anbieten oder einfach im Hausmüll entsorgen.

Übrigens heißt dein Sud jetzt, wo das Malz/Treber entfernt ist, WÜRZE. Kommen wir zum nächsten Schritt, dem Würzekochen.

Würzekochen

Das ist jetzt der Grund, warum ich bei der Ausrüstung einen Einwecktopf mit Entsafterstufe und mindesten 2.000 W Leistung empfohlen habe. Denn herkömmliche Einwecktöpfe haben zwar theoretisch, also gemäß ihrer Anzeige, die Möglichkeit zu kochen. In der Praxis wirst du damit aber nicht das wallende Kochen erreichen, das wir benötigen, sondern das Thermostat wird dir immer wieder einen Strich durch die Rechnung machen. Es hilft sicherlich nicht, dass wir ein energetisch albtraumhaftes Kochen ohne den Deckel benötigen und das mindestens 60 Minuten lang, gerne auch 90 Minuten.

Kurzes Wort zur Vorsicht: Du wirst spätestens jetzt mit heißen Flüssigkeiten hantieren!

Fachlich wird dein Einkochtopf jetzt zur Sudpfanne, auch wenn er gar nicht wie eine Pfanne aussieht. Heize jetzt also deine Würze bis zum Kochen auf. Den Deckel lässt du bitte die meiste Zeit unten, vor allem die letzten 30-40 Minuten. Warum ist das Kochen bei offenem Deckel wichtig?

Würde die Würze nach dem Läutern nicht noch einmal gekocht werden, so wären im Bier noch Stoffe enthalten, die bei der Gärung zu einem unschönen Gemüsegeschmack führen würden. Zudem haben wir in der Würze noch einige unvorteilhafte Eiweißstoffe enthalten, die wir hiermit gerinnen und ausfallen lassen. Dabei ist es wichtig, dass es wirklich sprudelnd kocht, damit die unerwünschten Eiweißstoffe gut verklumpen und ausfallen können. Außerdem können beim Sprudeln die Dämpfe gut entweichen, die die darin herausgelösten Stoffe ebenfalls entweichen lassen. Stichwort: Gemüsegeschmack. Wir möchten nicht, dass sie am Deckel kondensieren und wieder zurücktropfen. Und nicht zuletzt schwirren noch ein paar Mikroorganismen aus dem Malz, deiner Küche und dem nicht sterilen Handling herum. Die werden jetzt mit eliminiert. Auch das ist für die spätere Reifung wichtig.

Und nicht zu vergessen der Hopfen! Der Hopfen benötigt die

Temperaturen, um die wertvollen und gesunden Bitterstoffe ins Bier abzugeben. Auch deshalb die Länge der Kochzeit: Je länger, desto mehr Ausbeute bis das Maximum bei ca. 90 Minuten erreicht ist. Neben dem Geschmack werden auch die antibakteriellen Eigenschaften des Hopfens einen großen Anteil an der Haltbarkeit, Stabilität und Qualität deines Bieres haben.

Ein paar Tipps, wenn es doch nicht sprudelnd kochen will:

- Viele Hobbybrauer isolieren irgendwann den Einwecktopf – schon wegen des Energieverlustes. Das kann mit einer Isomatte oder anderen provisorischen Elementen gemacht werden. Muss nicht schön aussehen – das Ergebnis zählt.
- Manche machen mit dem Deckel einen Kompromiss, indem sie ihn nur halb aufsetzen oder Löcher hineinbohren oder den Griff absägen und damit ein großes Loch in der Mitte haben. Eventuelle Garantieren auf das Gerät sind damit natürlich futsch! Und du wirst vielleicht später einen intakten Deckel benötigen, zum Beispiel beim Whirlpool. Also rate ich davon ab. Einige machen es aber so und brauen auch gutes Bier.
- Manche stellen den Deckel etwas an, damit zumindest ein Teil des Dampfes entweichen kann (eher nicht zu empfehlen, weil einfach zu viel wieder zurücktropft!)
- Schaff dir einfach noch einen kräftigen Tauchsieder an und hänge ihn zusätzlich in die Würze (die meines Erachtens einfachste Lösung, wenn dein Einwecktopf zu schwach ist).

Während jetzt also deine Würze kocht, ist es an der Zeit, sich mit den verschiedene Hopfengaben zu beschäftigen.

Hopfengabe

Es gibt verschiedene Arten, den Hopfen ins Bier zu bringen. Deshalb spricht man inzwischen von einem *Hopfenschema.* Eine davon ist zwingend nötig, weil es hier um die Abgabe der Bitterstoffe geht. Aber Hopfen hat geschmacklich eben so viel mehr zu bieten wir seine Bitterstoffe! Neben den Gerbstoffen glänzt der Hopfen ja noch mit sehr viel Aromaölen (die leider, wie alle ätherischen Öle, flüchtig sind) und Alphasäuren, die ebenfalls den Geschmack mitbestimmen.

Die meisten Biere verlangen in Zeiten das Aromahopfens inzwischen 2 Hopfengaben. So auch wir mit unserem Rezept für ein hopfenbetontes Pilsener. Ich nenne das die **Standardhopfung,** weil sie am meisten Anwendung findet – auch in den Brauereien, obwohl hier durchaus auch noch Bier gebraut wird, das nur eine einfach Bitterhopfung bekommt.

Da das Hopfenaroma während des Kochens verfliegt, nimmt man für die erste Gabe meist einen billigeren Hopfen, den Bitterhopfen (mit einem hohen Wert an Alphasäure), für die zweite Gabe dann einen hochwertigen, den Aromahopfen. Dieser kommt erst zum Ende der Kochzeit zu der Würze und verleiht dem Bier seinen Duft und sein Hopfenaroma.

Ein gut bewährter Standard lautet: Den Bitterhopfen einfach wenige Minuten nach Kochbeginn zugeben. Den Aromahopfen kurz vor Kochende, so 5-10 Minuten, damit sich die ätherischen Öle nicht so stark auskochen können. Bitterstoffe werden so kurz vor Kochende kaum oder gar nicht mehr herausgelöst. Was bleibt, ist das Aroma, das jeder Hopfen mitträgt. So kann man übrigens durchaus mit dem gleichen Hopfen für sowohl die Bittergabe, also auch die Aromaabgabe bedienen. Denn durch das lange Kochen bleiben ja bei der Erstgabe keine ätherischen Öle mehr übrig, aber der Zweitgabe dafür keine Bitterstoffe. Also wird alles herausgeholt, was der Hopfen so bietet. Besonders die Dualhopfen eignen sich hierfür sehr gut. Snobs verbraten zuweilen auch den teuren Aromahopfen, indem sie ihn auch für die Bittergabe nutzen. Funktioniert natürlich genauso gut!

Wer es sehr auf die ätherischen Öle des Hopfens abgesehen hat – wie in vielen Craftbieren – der wird auch noch das Kalthopfen ausprobieren wollen. Dazu nachher mehr.

Zurück noch einmal zur Standardhopfung. Man kann sie noch etwas abwandeln. Sie wird dann ein klein wenig komplizierter, bietet aber Vorteile im ausgeprägteren Hopfengeschmack, der Hopfenblume. Das *Hobbybrauer-kompendium* hat den Vorgang sehr schön beschrieben. Ich zitiere auszugsweise:

> „... Wenn es möglich ist, macht es durchaus Sinn, den Hopfen wegen der Isomerisierung schon vor Kochbeginn zuzusetzen. Den Hopfen mit dem besten Aroma – den Aromahopfen – gibt man zuletzt, am Kochende oder erst im Whirlpool (*Erklärung folgt, Anm. des Autors*), wobei die Whirlpooltemperatur auf ca. 80 °C gesenkt werden sollte. Dadurch bleiben die flüchtigen Aromastoffe erhalten ... Dieses Verfahren macht das Bier unempfindlicher gegen Mikroorganismen, da auch unisomerisierte α-Säure ins Bier übergeht. Weitere Vorteile:
>
> - bessere Schaumbildung
> - höhere Ausbeute an Iso-α-Säuren
> - höherer Eintrag an Aromakomponenten
> - höherer Eintrag an unisomerisierte α-Säure; dadurch höhere mikrobiologische Stabilität, das Bier hält länger.
>
> Die Entscheidung darüber, wann welche Hopfengabe zugesetzt wird, hat also Einfluss auf die Qualität des Bieres. Empfohlen werden:
>
> - 80 % des Hopfens (je 40 % Aroma u. Bitter) zu Kochbeginn und 20 % Aromahopfen vor Kochende
>   <u>Oder:</u>
> - 50 % des Hopfens (je 25 % Aroma u. Bitter) zu Kochbeginn, 30-40 % Aroma zu Kochmitte und 10-20 % Aroma vor Kochende ...“

Es macht also – je nach gewünschtem Ergebnis – durchaus Sinn, den Hopfen schon vor Kochbeginn zuzusetzen, also beim Aufheizen, vor allem wenn man eine ausgeprägtere Hopfenblume erreichen möchte.

Man nennt das dann **Vorderwürzehopfung** und kommt so in dem einen oder anderen Rezept vor. Wie der Name impliziert wird die erste Hopfengabe schon während des Läuterns beigefügt, also noch vor dem Kochen. Durch die Vorderwürzehopfung werden bestimmte Hopfenalkohole gebildet, die ein abgerundetes, ausgewogenes und feines Hopfenaroma im späteren Bier erzeugen. Diese Hopfenalkohole bleiben trotz des Kochvorgangs weitestgehend erhalten, da sie schwerer flüchtig sind als die Hopfenöle. Geschmackliche Wunder sollte man hier jetzt vielleicht nicht erwarten, aber oft wird der Bittergeschmack als runder und angenehmer empfunden und ein Teil der Aromaöle bleibt erhalten. Kann also schon sehr interessant sein! Wegen der etwas geringeren Ausbeute sollte man hier als Richtwert 10 % mehr Hopfen für die Bitterung zugeben. Welchen Hopfen man hier einbringt, ist wiederum reine Geschmackssache. Manche verwenden einfach den Bitterhopfen, teilen ihn quasi in zwei Gagen auf und bringen damit mehr von seiner Blume ins Bier ein. Manche nehmen hier auch Aromahopfen, weil mit dieser Version eben nicht alles von den in den Ölen enthaltenen Geschmacksstoffen herausgekocht werden soll. Auch hier gilt: Dem Rezept folgen, ansonsten ausprobieren!

Die nächste Hopfung ist einfach und solltest du auch unbedingt ausprobieren, schon allein um zu sehen bzw. zu schmecken, was alles mit der einfachen Zutat Hopfen möglich ist.

Wir sprechen vom **Kalthopfen oder Hopfenstopfen.**

Der Name ist wieder Programm. Der Gärprozess und der sich bildende Alkohol sind sehr gut geeignet, Aromastoffe aus dem Hopfen zu lösen. Da die Gärung irgendwo zwischen 5 und 25 Grad abläuft, also der Hopfen keine Hitze abbekommt, werden auch keine Bitterstoffe mehr gelöst. Hier geht es einfach darum, die ganze Cascade der anderen Geschmacksstoffe des Hopfens ins Bier zu bringen. Deshalb wird jetzt vorwiegend Aromahopfen wie „Hallertauer Tradition“, „Tettnager Aromahopfen“ oder „Cascade“ usw. gewählt. Fast alle Sorten bieten inzwischen entsprechende Geschmacksbeschreibungen für die Kaltverwendung an. Sogar Bitterhopfen haben hier oft interessante Noten, die man gefahrlos ausprobieren kann, ohne das Bier bitterer zu machen.

Kalthopfen kannst du immer als Ergänzung zum herkömmlichen Verfahren anwenden. Typischerweise wird ein Pale Ale damit veredelt, aber auch ein Weizen kann überraschend anders schmecken. Eigentlich steht es jedem Bier, dem man eine fruchtigere Note geben will. Man kann da wählen zwischen Hopfen- oder Fruchtbombe und feiner Nuance. Sehr spannend und immer noch mit nichts anderes als den Zutaten des Deutschen Reinheitsgebotes, wenn auch das Kalthopfen streng genommen nicht mehr dem *Verfahren* des deutschen Reinheitsgebotes entspricht! Steht der Getreidegeschmack im Vordergrund, dann benötigen wir diesen zusätzlichen Vorgang natürlich nicht.

Die Anwendung ist denkbar einfach: Ich gebe die gewünschte Gabe einfach dem Gärtank zu und die Pellets lösen sich hier nach Belieben auf. Fertig!

Das wäre jetzt der mögliche Einsatz der Hopfensäckchen. Dann holst du diese mit deiner Hopfengabe gefüllten Säckchen vor der Abfüllung wieder aus dem Tank. Ich habe sie mir auch zugelegt. Sie kosten ja nur ca. 50 Cent das Stück. Ein Braumeister hat mir mal gesteckt, dass sich der Hopfen doch eh zusammen mit der Hefe wieder absetzt und wozu ich diese Säckchen dann noch benötigen würde. Tja, warum? Ich habe sie nie wieder benutzt. Das Säckchen lässt sich jedoch prima noch für ein paar andere Dinge verwenden. Eine davon kommt jetzt.

Warum sprechen andere vom **Hopfenstopfen**? Ein älterer Begriff, weil man Bier früher in großen Fässern lagerte und die Hopfen durch das Spundloch steckte. Und dieser Vorgang ist tatsächlich etwas unterschiedlich.

Beim Hopfenstopfen kommt typischerweise ein Zwischenschritt zum Tragen. Kurz vor Gärende wird das Jungbier von der Hefe abgezogen und in ein weiteres Gärbehältnis umgefüllt, aus dem es dann später final in die

Flaschen abgefüllt wird. Warum dieser Zwischenschritt? Weil in das so (vor-)geklärte Jungbier jetzt der ausgewählte Hopfen beigegeben wird. Er verbleibt hier nur ein paar Tage und soll nicht unerwünschte Schwebestoffe ins Jungbier bringen, die in die Flasche wandern könnten. Deshalb das Hofensäckchen. Der bereits entstandene Alkohol des Jungbiers wird wiederum sehr gut die Aromaöle herauslösen, ohne an die Bitterstoffe zu gehen und der Hopfen kann sich nicht mit irgendwelchen Gärrückständen vermischen. Wenn du hierfür die Säckchen benutzt, dann denke daran, dass Hopfen aufquillt. Verwende also gerne 2 oder 3 davon. Und am besten du packst ein paar sterile Glaskugeln (Murmeln) mit hinein, damit sie schön am Boden bleiben. In der Regel wirst du nach ein paar Tagen Abfüllen und kannst sie im Anschluss gut wieder aus dem Gärbottich herausnehmen.

Wir bleiben für unser erstes Bier beim herkömmlichen Standardverfahren der zwei Gaben. Sobald es kocht, gibt du 50 % vom Hopfen zu und 10 Minuten vor Kochende die restlichen 50 %.

So, deine Würze hat jetzt zwischen 60 und 90 Minuten gekocht und wir gehen zum nächsten Schritt über.

Reinigung

Achtung! Ab jetzt soll die Würze möglichst nur noch mit **desinfiziertem Material** in Berührung kommen! Wir arbeiten natürlich nicht unter Reinraumbedingungen und das ist auch nicht nötig. Aber deine Würze ist jetzt begehrtes Nahrungsmedium für so manche Bakterien und wir möchten nur deiner Bierhefe diesen Genuss gönnen!

Während jetzt deine Würze vor sich hinkocht und du vielleicht schon die erste Hopfengabe eingeworfen hast, kannst du alles so gut wie möglich desinfizieren, das demnächst mit dem Sud in Berührung kommen wird.

Also haben wir hier ein wichtiges Thema und deshalb wird es etwas ausführlicher.

Insgesamt ist eine „küchenmäßige Sauberkeit“ anzustreben. Schöner Begriff, nicht? Dann aber kommt die Desinfektion, allerdings nur für die besonders sensiblen Bereiche.

Prinzipiell sollte alles, was mit Würze in Kontakt kommt, sofort abgespült werden. Da reicht oft schon heißes Leitungswasser. Besonders wenn es um die schwer zugänglichen Bereiche geht, wie Ventile oder Ablasshähne, sollte man nicht mit Spülwasser sparen oder weitere Maßnahmen ergreifen. Was sich ausbauen und zerlegen lässt (wie hoffentlich der Ablasshahn), sollte man auch ausbauen. Denn das sind begehrte Sammelstellen für Bakterien und Pilze, die sich hier gierig an dem Malz laben. Die Empfehlung hier: weitere Maßnahmen.

Sehr gut kann man diese Gegenstände in einer Schüssel mit Aktivsauerstoff (in unserer Ausrüstungsliste, Herstellerinformation beachten) Reinigen und Desinfizieren. Zum besseren Verständnis eine Klarstellung: Desinfektion ist in unserem Fall immer nur eine Keimreduktion! Und es genügt für unsere Arbeit auch. Wo es möglich ist, funktioniert übrigens kurzes Abkochen auch hervorragend, oder das Übergießen mit kochendem Wasser.

Habe ich schon erwähnt, wie gekleckerte Würze den Küchensegen schief hängen lassen kann? Also hier noch einmal die Empfehlung, es gleich aufzuwischen. Eine Ernährungsgrundlage weniger für den Feind des Bierbrauers (und damit meine ich NICHT die Hausfrau, sondern die Bakterie!).

Beliebter Kontaminationsspot ist, wie vorhin schon angedeutet, der Hahn. Während der Gärung nimmt man schon mal gerne Würze zu Probezwecken ab. Wenn möglich sein lassen, oder wenigstens gründlich nachspülen. Eher schon den Deckel aufmachen, wenn man unbedingt an die Maische muss, aber auch nicht zu oft. Wir möchten möglichst keinen Sauerstoff mehr ranlassen und auch wenn du jetzt ein Refraktometer hast und es spannend ist – man muss nicht immer alles Nachmessen.

Wie macht man den riesigen Gärbottich sauber? Du kannst ihn gut mit aktivem Sauerstoff füllen. Die Chemieindustrie wird dein Freund und du bekommst bald Briefe mit persönlicher Ansprache. Erst recht, wenn du richtige Chemie verwenden solltest. Gut, dass es auch anders geht.

Kurzer Einschub hier: Aktiver Sauerstoff ist ein ökologisch sehr gut vertretbares Reinigungs- und Desinfektionsmittel für alles, was mit Lebensmittel in Berührung kommt. Bei der Reaktion mit Fremdpartikeln zerfällt der Stoff in Wasserstoff und Sauerstoff – beides ungefährliche Stoffe. Es ist von der Reinigungsleistung nicht sehr aggressiv, aber das benötigen wir ja auch nicht.

Wie bekomme ich also den Gärbottich günstiger sauber? Ich desinfiziere z. B. den Gärbottich gar nicht, sondern reinige ihn gründlich vor Benutzung (auch schon direkt nach der Benutzung natürlich. Wir wollen ja nichts anbacken lassen!). Dann koche ich Wasser ab und schwenke ihn damit langsam aus (Tipp eines Braumeisters). Auch deshalb verwende ich übrigens lieber einen stabilen Gärbottich als den dünnen Plastikeimer in unserer Liste. Letzterer hält nur kurz hohe Temperaturen aus und ist mir generell zu schwammig.

Aber die Zubehörteile desinfiziere ich schon. Ich habe vorhin als Beispiel den Ablaufhahn erwähnt. Darunter fällt aber auch der Abziehschlauch, Dichtungen, Verschlüsse, sogar den Gärspund, wobei das manche wahrscheinlich für übertrieben halten. Aber die Schüssel mit dem Desinfektionsmittel steht doch schon, also auch rein damit!

Die Abfüllflaschen selbst habe ich früher auch mit aktivem Sauerstoff gereinigt. Dann habe ich es mal probiert, sie 40 Minuten im Ofen bei 150 Grad zu desinfizieren. Beides geht. Nur belastet der Backofen die Glasflaschen relativ stark. Klar, sie werden bei hohen Temperaturen geschmolzen und hergestellt. Sie haben aber trotzdem nicht die Qualität unserer gläsernen Auflaufform, die das problemlos aushält. In unseren Bierflaschen könnten Mikrorisse entstehen, die dann die Flasche weniger druckfest macht und das könnte zu Problemen bei der Nachgärung führen. Mehr dazu später.

Jetzt stelle ich meine Flaschen nur noch in die Geschirrspülmaschine, stelle die 70 Grad ein, gebe natürlich das Reinigungsmittel dazu. Und siehe da! Beste Ergebnisse! Wo ich früher noch per Bürste Ablagerungen am Boden abkratzen musste, kommt jetzt eine blitzblanke Flasche aus der Maschine.

Die Bügelverschlüsse kommen nicht mit in die Maschine, die werden in die Schüssel mit dem Desinfektionsmittel gegeben.

Zum Schluss ein schönes Zitat aus dem Forum: „Bier kann durch Hopfen, Alkohol, CO2 und seinen niedrigen pH-Wert das Wachstum einer Vielzahl von Bierschädlingen bremsen oder sogar stoppen. Man muss ihm jedoch die Chance dazu geben."

Trubabscheidung

So, deine Würze ist fast fertiggekocht? Dann musst du dir Gedanken über die Trubabscheidung machen. Noch nie etwas von Trubabscheidung gehört? Irgendwann stößt jeder interessierte Hobbybrauer auf den Begriff. Vorher wird man wahrscheinlich das Wort „Whirlpool" gehört haben. Das Whirpoolverfahren entfernt ziemlich gut den **Heißtrub**, und um den geht es hier, denn den möchten wir aus unserem Bier möglichst raushaben.

Heißtrub ist alles, was nach Kochende in der Würze herumschwimmt. Das wären hauptsächlich Hopfenreste und Eiweißgerinnsel. Aufgrund der vergleichsweise großen Partikelgröße, bekommen wir das auch gut erledigt. Ich stelle dir zwei Varianten vor, die ohne weitere Gerätschaften wie Filter auskommen:

- Das besagte Whirlpoolverfahren in der heißen Würze sowie
- das Kaltausschlagen während der Abkühlung.

Whirlpool

Zuerst nimmst du den Würzekühler (im nächsten Abschnitt mehr davon) aus dem Sud, den du hier 10 bis 15 Minuten mitgekocht hast, um ihn zu desinfizieren. Du stellst ihn schon mal in deinen separaten Kühlbottich (das ist unser Plastikeimer), in den nachher der Sud hineinlaufen und abkühlen wird.

Beim bekannten Whirlpoolverfahren wird sich unter dem Einfluss von Flieh- und Schwerkraft eine Donut-förmige Sekundärströmung ausbilden. Diese bewirkt, dass sich der Trub als Häufchen genau in der Mitte des Behälterbodens absetzt.

Siehe das Schema, so soll das Endergebnis aussehen:

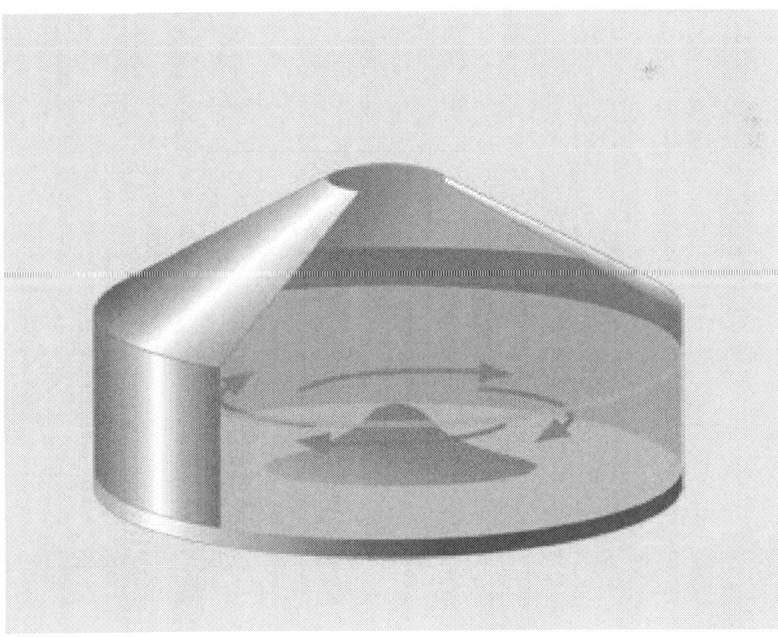

Prinzipdarstellung des Whirlpooleffekts (Quelle: Deutscher Brauerbund)

Die geklärte Würze wird anschließend vom Rand des Behälters in einen zweiten Behälter (den Kühlbottich) abgelassen oder mit dem Schlauch abgezogen (Ein Bild aus der Praxis folgt später).

Folgende Anleitung habe ich größtenteils aus dem Braumagazin.de übernommen, weil es hier einfach und treffend beschrieben wird und gleichzeitig die Fehler anspricht, die gerne gemacht werden:

- Die Sudpfanne (dein Einwecktopf) sollte kreisrund sein, absolut eben stehen und keinerlei störende Einbauten aufweisen.
- Der Whirlpool funktioniert nur heiß, also vor dem Kühlen der Würze!
- Nach dem Koch-Ende ein paar Minuten mit geschlossenem Deckel warten, bis die Wärmekonvektion aufgehört hat.
- Dann mit dem Maischholz die Würze behutsam in Drehung versetzen. Hier liegt der häufigste Fehler: Nicht wie besessen bis zum rauschenden Mahlstrom rühren, weil dadurch die bereits gebildeten Eiweißflocken wieder zerrissen würden. Es genügt, dass die Würze kreist und sich an der Oberfläche eine leichte Vertiefung bildet.
- Bei wieder geschlossenem Deckel etwa eine Viertelstunde warten, bis die Würze ausgekreiselt ist.
- Die Würze behutsam vom Rand abziehen bzw. per Ablaufhahn ablassen.

Jetzt kannst du mit dem eingebauten Ablasshahn deines Einwecktopfes, der genau an der richtigen Stelle sitzt (Bild aus der Praxis später), schön die so geklärte Würze in den Kühlbottich ablassen, in dem schon dein Würzekühler wartet. Wie gesagt, funktioniert als Alternative auch das Abziehen per Schlauch oder Rohr. Da hilft dann oft eine zweite Hand, damit der Schlauch am Rand bleibt und ja nicht der gebildete Kegel aufgewirbelt wird.

Ist das erledigt, machst du weiter mit der Würzekühlung. Aber erst noch das alternative Verfahren zum Heißtrub entfernen.

Kaltausschlagen

Du kannst den Heißtrub auch anders entfernen.

Ich greife wieder auf die Beschreibung von braumagazin.de zu (sorry, besser kann man es einfach nicht erklären!):

„Hier wird die Würze nach Kochende noch in der Kochpfanne mit einem Eintauchkühler heruntergekühlt ... Danach sollte die Kühlschlange nicht mehr bewegt werden, damit der Heißtrub während des Kühlens sedimentieren und einen Teil des sich an ihn anhaftenden Kühltrubs mit zu Boden nehmen kann. Da man die Schlange nicht bewegen darf, um den Trub nicht wieder aufzuwirbeln, sollte dieser hinreichend groß sein. Auch die erforderliche Kühlwassermenge ist hoch. Ein Whirlpool ist nicht mehr möglich, aber auch nicht nötig, wenn die kalte Würze anschließend über der Sedimentschicht abgezogen und ins Gärfass geleitet wird."

Deshalb der Begriff „Kaltausschlagen". Der Vorteil ist hier klar der geringere Aufwand. Der Ablasshahn deines Einwecktopfes ist weit genug über dem Boden und wird über der Sedimentschicht sein. Du musst nicht umfüllen und kannst den (abgekochten) Würzekühler gleich im Topf lassen.

Nicht so optimal ist, dass er nicht bewegt werden soll, also das Herunterkühlen nicht so gleichmäßig erfolgt und länger dauern wird. Deshalb die obige Empfehlung der hinreichenden Größe. Weiterer Nachteil kann sein, (muss aber nicht), dass zu wenig Luft an die Würze kommt, wenn du gleich ins Gärgefäß abfüllst. Denn wollten wir bisher möglichst wenig Luft an den Sud lassen (Kontamination!), benötigen wir später eine gute Durchlüftung für die Hefe, die wir gleich zugeben werden. Sie benötigt anfangs Sauerstoff, um sich möglichst schnell zu vermehren.

Meine Empfehlung ist der Whirlpool in der Sudpfanne, dann Ablassen in den Kühlbottich! Egal für welchen Weg du dich entschieden hast, jetzt geht's zur Würzkühlung!

Würzekühlung

Dein Rezept steht. Hopfengaben gesetzt. Heißtrub via Whirlpool entfernt. Fast geschafft!

Wenn du mit einem Würzekühler arbeitest, dann hast du bereits den gereinigten und abgespülten Würzekühler desinfiziert, indem du ihn einfach 10-15 Minuten vor Kochende in dem wallenden Sud mitgekocht hast. Falls nicht schon erledigt, schließt du ihn jetzt an die Kaltwasserleitung an (bei mir ist es der Duschanschluß), tauchst den Kühler in die heiße Würze und bewegst ihn hin und her. Die Abkühlung soll ja möglichst schnell vor sich gehen. An der Wärme des ablaufenden Wassers erkennst du den Fortschritt.

Hast du das Kaltausschlagen gewählt (siehe Beschreibung Trubabscheidung vorher), ist ein guter Teil der Abkühlung schon passiert.

Das nächste Ziel ist ja die Gärung. Würdest du jetzt schon die Hefe beigeben, würde diese sofort den Hitzetod sterben. Also musst du wieder runter auf unter 30 Grad, am besten sogar auf unter 25 Grad (vor allem bei untergäriger Hefe).

Manche machen das ganz einfach, indem sie den Bottich über Nacht auf den Balkon oder Keller stellen. Oder auch länger, bis eben die gewünschte Temperatur erreicht ist. Geht auch, aber eben auf die Gefahr hin, dass sich dann schon wieder andere Bakterien oder Mikroben in deiner Würze einnisten können. Viel besser wäre es, du kühlst die ganze Flüssigkeit gleich nach dem Würzekochen schnell herunter. Das hat echte Qualitätsvorteile. Warum?

Irgendwann passiert die abkühlende Würze den Temperaturbereich zwischen 40 und 30 °C, und dort fühlen sich, wie viele Lebewesen, auch alle möglichen Bierschädlinge besonders wohl und vermehren sich prächtig. Da wir Hobbybrauer nicht steril, sondern bestenfalls keimarm (siehe Abschnitt Reinigung) arbeiten können, wollen wir diesen kritischen Temperaturbereich möglichst schnell durchlaufen. Wir bereiten dadurch später unserer Hefe einen besseren Start, denn die soll ja nicht nur unser

Bier herstellen, sondern auch durch möglichst schnelle Vermehrung die schädlichen Mikroben verdrängen und ihnen die Lebensgrundlage entziehen.

Und so gibt es einige gute Gründen für schnelle Abkühlung (und die Anschaffung eines Würzekühlers), wenn man sein Hobby professionell betreiben will:

- Begrenzung der Vermehrungsmöglichkeit für Bierschädlinge
- Begrenzung der Zufärbung der Würze
- Begrenzung der Nachisomerisierungszeit des Hopfens
- Begrenzung der Nachbildung des DMS-Precursors (eine organische, schwefelhaltige Verbindung, die Fehlaromen im Bier erzeugt)

Egal wie du nun deine Würze heruntergekühlt hast – die Kellervariante, der Kühler oder desinfizierte Eisbeutel in den Sud (ja, das geht auch, vor allem als Ergänzung für die letzten 5 Grad!) – jetzt kommt der Punkt, an dem du die Arbeit abgeben kannst.

Hefe

So, jetzt hast du den ganzen Tag geschuftet. Du fragst dich vielleicht wer zum Teufel gesagt hat Bierbrauen sei ganz einfach?! Nicht für den, der es richtig gut machen will, sage ich nur. Aber keine Angst, gleich kannst du den Stab weiterreichen. Ich habe versucht, den Spagat zwischen möglichst viel relevanter und praktischer Hintergrundinformation zu geben und trotzdem kein wissenschaftliches Lehrbuch daraus zu machen. Zumindest letzteres ist mir durchaus gelungen, haha! Aber Spaß beiseite. Vielleicht fühlst du dich als Anfänger etwas überfahren, aber bald werden dir die Schritte in Fleisch und Blut übergegangen sein. Sobald du dein erstes Bier probiert hast, willst du mehr davon!

Für den Moment darfst du dich vorsichtig entspannen und die Hefe die weitere Arbeit machen lassen. Vorsichtig entspannen habe ich gesagt, denn wir wollen deiner Hefe ja bestmögliche Arbeitsbedingungen mitgeben. Hast du dich bisher an den Ablauf gehalten, ist hier schon sehr viel getan.

Deine abgekühlte Würze steht bereit, der Kühler ist rausgenommen und dein Gäreimer oder Gärbottich gesäubert und bereit. Willst du unseren Plastikeimer jetzt auch als Gärgefäß nutzen, dann hast du entweder die Würzekühlung im Einwecktopf vorgenommen oder zu musst wieder umfüllen, reinigen, wieder umfüllen. Ich spare mir das, indem ich den in der Ausrüstungsliste aufgeführten Gärkanister nutze, der zudem gut zu transportieren ist.

Zwei Dinge musst du jetzt bitte noch beachten. Der Hersteller hat dir angegeben, wie du die Hefe am besten auf ihre Arbeit vorbereitest. Bei unserer Trockenhefe ist meist ein 30-minütiges „Aktivieren" bei 25-35 Grad warmen Wasser empfohlen. Auch wenn nicht direkt empfohlen, schaden tut es nie. Achte auf die unterschiedlichen Hefen (untergärig/obergärig). Untergärige Hefe will weniger Temperatur. Dann achte darauf, dass deine Würze wirklich kalt genug ist. Messe es lieber nach und reinige das Thermometer vorher. Ist die Würze noch zu heiß, kann es dir die Hefe – auch moderne Hefen, selbst wenn sie unempfindlicher geworden sind – übel nehmen. Ich hatte es schon erwähnt. Deine Würze sollte zudem in etwa die gleiche Temperatur haben, wie deine angesetzte aktivierte Hefe, damit sie keinen Schock bekommt. Ja, das kann passieren bei den kleinen Mimosen.

Soweit zur Temperatur. Der zweite wichtige Punkt ist der Sauerstoff. Ich hatte es schon angeschnitten. Deine Hefe benötigt jetzt zum Vermehren viel Sauerstoff. Steht die abgekühlte Würze vor dir und die Hefe ist reingekippt, dann nimm dir eine gesäuberte Kelle oder das Maischepaddel und rühre kräftig um. Hole die unteren Schichten nach oben und umgekehrt. Das darf auch schäumen. Erst dann füllst du per Ablasshahn oder Abziehschlauch deine Würze in den Gärtank ab. Ich hatte das mal versäumt. Ich dachte das Einlaufen vom Hahn in den Tank reicht zur

Sauerstoffanreicherung. Falsch gedacht. Prompt ist die Hefe erstickt bzw. hat sich nicht richtig vermehrt. Die Rattenpopulation im Abwasserkanal hat sich nach 3 Wochen, in denen ich wider Erwarten auf eine anspringende Gärung hoffte, hoffentlich über meine Gabe gefreut.

Hast du dich für das zusätzliche Kalthopfen entschieden, gibst du vor Befüllen des Gärbottichs erst deine Hopfengabe zu. So darf sie sich gleich unspektakulär mit der Würze vermischen.

Dann kommt der desinfizierte Gärverschluss darauf und du stellst den Gärbehälter an einen ruhigen, unaufgeregten Platz mit möglichst wenig Lichteinfall.

Super! Jetzt darfst du dich zurücklehnen und dein wohlverdientes Bier aufmachen und ... verdammt.

Ja. Ist vielleicht noch einiges sauber zu machen ... Aber danach!

Gärung

Jetzt haben wir einen neuen Fachbegriff: *Jungbier!* OK, streng genommen gilt der Begriff erst für die abgeschlossene Hauptgärung, noch bevor du das Jungbier zur Nachgärung (Reifung) in die Flasche abfüllst.

Die Gärung selbst kann sehr unterschiedlich ablaufen.

Die Gärdauer bei den untergärigen Bieren beträgt theoretisch 8 bis 12 Tage, bei den obergärigen Bieren 4 bis 6 Tage. Ich hatte aber auch schon obergäriges Bier, das 3 Wochen gebaucht hat, weil die Gärung so langsam verlief. Kein Problem! Es schadet nicht das Jungbier etwas länger auf der Hefe stehen zu lassen, wenn du sauber gearbeitet hast. Die Sedimente haben länger Zeit sich abzusetzen. Auch 4 Wochen lassen es manche gerne stehen, nur zu lange würde ich nicht warten. Wenn du es einfach etwas länger stehen lässt, dann musst du auch nicht immer nachmessen, wie weit die Gärung ist. Das Bier mag so was nicht. Es braucht Ruhe.

Eine Mindestgärzeit von 10 Tagen sollte immer eingehalten werden. Sonst besteht die Gefahr von „Flaschenbomben", das heißt die nicht abgeschlossene Gärung setzt sich in der Flasche fort und lässt die eine oder andere eventuell zerbersten. Besondere Gefahr geht hier von Flaschen aus, die vorher im Backofen bei 140 Grad keimfrei gemacht wurden, weil diese zu Mikrorissen neigen können.

Hier siehst du eine gut angekommene Gärung, in dem Fall bei einem leckeren Irish Ale (in unserer Rezept-sammlung enthalten).

Ein Tipp am Rande:

Ich nutze die kleinen Glasballons, wie du sie hier im Bild siehst, gerne für Experimente. Der Hauptsud darf im richtigen Gärbehältnis arbeiten und hier zweige ich etwas ab, um besondere Hopfengaben, eine andere Hefe, usw. auszutesten. So kann man besonders gut die Ergebnisse vergleichen, weil der Brauvorgang ja identisch war!

Der Vollständigkeit halber: Du kannst den Gärfortschritt messen. Zum Beispiel mit deinem Refraktometer. Aus hygienischen Gründen wirst du damit erst beginnen, wenn du denkst, die Gärung sei abgeschlossen. Die Schaumbildung ist dabei ein Indikator, aber kein verlässlicher Anhaltspunkt. Schon eher ob dein Gäraufsatz noch blubbert, obwohl der manchmal noch wegen gebildeter Kohlensäure leicht blubbert, obwohl die Gärung schon durch ist. Für das Refraktometer genügt ja schon ein kleiner Tropfen, den du zum Beispiel mir einer gesäuberten Pipette entnehmen kannst. Das Refraktometer wird dir dann einen Wert in Brix anzeigen. Wenn er sich über 3 Tage nicht verändert hat, dann kannst du von abgeschlossener Hauptgärung ausgehen.

Das Refraktometer zeigt dir übrigens genauso wenig den Alkoholgehalt deines Jungbieres an wie die Bierspindel. Aber sie liefern die Werte, mit denen du den Alkoholgehalt ausrechnen kannst. Die Messverfahren sind unterschiedlich. Ich persönlich habe beides ausprobiert, bevorzuge aber eindeutig das Refraktometer. Es ist in der Anwendung einfacher, vielfältiger, benötigt weniger Messmaterial (Würze/Jungbier) und passt sich in gewissem Rahmen automatisch den unterschiedlichen Temperaturen an. Die Bierspindel nutze ich eigentlich gar nicht mehr. Die ist meines Erachtens eher etwas für Großbrauereien.

Tipp: Im Internet gibt es eine Menge Tabellen und Rechner, die dir die Arbeit abnehmen. Hast du die Stammwürze beim Brauen dokumentiert, kannst du jetzt einfach den Wert in einer Tabelle wie die Nebenstehende eingeben, dein aktuelles Messergebnis hinzufügen und schon bekommst du den aktuellen Alkoholwert errechnet. Und falls er nicht zu 100 % stimmt, sondern nur zu 95 %, wen stört es?

Rechentabellen wie diese findest du zu allen relevanten Themen, wie Hopfendosierung, IBU-Wert, Alkoholgehalt, Bierfarbe, generell zu allen Arten der Dosierung und Zutaten des Bieres.

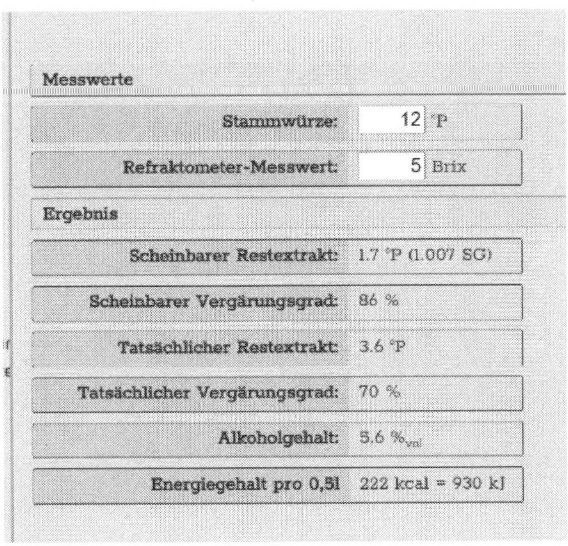

Abfüllung und Nachreifung

Nachdem sich deine Würze jetzt nach 2 bis 3 Wochen durch Vergärung in Jungbier verwandelt hat, und der Restextrakt sich nicht mehr verändert, kommt nun der letzte Akt: das Abfüllen.

Nein, fertig ist deine Bierkreation leider noch nicht! Du kannst ja gerne mal probieren, aber für den echten Biergenuss fehlt noch die Reifung. Außerdem wird es etwas schal schmecken. Deshalb nennt sich das fertig gegorene Bier ja „Jungbier“, weil es noch etwas Zeit benötigt. Rechne mal mit mindestens 14 Tagen. Manche Biere – dann aber eher die dunklen, hochprozentigen – werden auch schon mal über ein Jahr gelagert, bevor sie getrunken werden. Aber das ist natürlich nicht unser Ziel ☐.

Meist findest du entsprechende Angaben schon im Rezept.

Teste es doch selbst! Du kannst ja gut den Fortschritt verfolgen, wenn du jede Woche eine Flasche aufmachst. Das ist übrigens für mich die einzige Existenzberechtigung der 0,33-Liter-Flaschen. Aber gut, das liegt vielleicht auch an den bayerischen Wurzeln ...

An dieser Stelle noch mal ein Wort zur Vorsicht, um die berüchtigten Flaschenbomben zu vermeiden. Wie gerade erwähnt, sollte der Restextrakt des Jungbieres sich nicht mehr ändern. Das hast du per Messung durch dein Refraktometer festgestellt, indem sich in drei aufeinanderfolgenden Messungen der Wert nicht mehr verändert hat. Oder weil du nicht dauernd im Bier umrühren willst, hast du einfach etwas länger gewartet. Dann ist alles gut.

Die Flaschen halten schon was aus, aber eine nicht abgeschlossene Gärung kann auch ganz schön viel Druck aufbauen. Stell dir nur vor, wie du akribisch die Küche sauber gehalten hast, jedes daneben gegangene Tröpfchen Malzzucker wurde aufgewischt und deine Frau ist glücklich, weil die Küche sauberer ist wie zuvor. Und dann platzen dir ein, zwei Flaschen im häuslichen Kühlschrank! Bier soll doch für gute Laune sorgen und nicht den Haussegen torpedieren. Gut, das ist jetzt so etwas wie der

Super-GAU. Mir ist das bisher nur einmal passiert und da habe ich einfach in meinen ersten Versuchen und ohne Besitz einer Kontrollmöglichkeit wie dem Refraktometer einfach viel zu früh abgefüllt. Kam seither nicht mehr vor. Aber natürlich hilft es, die Bierflaschen in einer sicheren Ecke reifen zu lassen, am besten in der Kellerecke und in einer Schüssel. Wenn du dann mal eine schadhafte Flasche erwischt (das kann ja auch vorkommen), dann läuft es in die Schüssel und ist nicht weiter schlimm.

So, die Gärung haben wir also durch, kommen wir nun zur **Abfüllung.** Hier ist noch etwas zu beachten und das nennt sich Karbonisierung. Die meisten Hobbybrauer haben sicherlich nicht die Möglichkeit, unter Druck zu vergären. Wir nutzen den drucklosen Gärspund. Die Industrie nutzt es aber gerne, weil es effizient und billig die Kohlensäure der Gärung nutzt, um das Bier zu karbonisieren. Was ist denn das jetzt wieder? Ganz einfach: der Kohlensäuregehalt im Bier. Schmeckt das Jungbier noch schal, wird es nach der Flaschenreifung wieder spritzig sein und eine schöne Schaumkrone haben.

Um also wieder Kohlensäure ins Bier zu bekommen, greifen wir zu einem einfachen Mittel: Haushaltszucker. Damit erzeugen wir eine leichte Nachgärung in der Flasche.

Merke: **Die Nachgärung findet immer, egal ob das Bier unter- oder obergärig vergoren wurde, bei Raumtemperatur statt!** Danach muss es natürlich vor dem Genuss wieder gekühlt werden. Nicht nur wegen des Geschmacks, sondern auch, damit sich die Kohlensäure ans Bier bindet. Also zwei Tage sollten es dann schon sein.

Bevor wir zur Dosierung kommen, möchte ich noch kurz darauf eingehen, warum wir Haushaltszucker nehmen. Es gibt durchaus Alternativen, denn letztendlich muss es eben nur etwas Zuckerhaltiges sein, etwas was die Hefe im Jungbier verwerten kann.

Durchaus gängig ist es zum Beispiel, etwas von dem Malz nach dem Kochen abzuziehen, kühl und steril zwischenzulagern, und dann als Zuckergabe dem Jungbier wieder hinzuzufügen. Zugabe von Speise nennt man das dann. Das ist natürlich besonders edel und besonders aufwendig. Brauereien, die nicht das Druckverfahren anwenden und eh jeden Tag brauen, lösen das manchmal elegant, indem sie einfach Bier „verscheiden", also das frisch gekochte Malz mit dem Jungbier zur weiteren Gärung vermischen. Andere besorgen sich Malzzucker oder Melasse.

Kann man alles machen, aber warum den Aufwand betreiben? Haushaltszucker, auch Traubenzucker, vergären mit der im Jungbier enthaltenen Resthefe sauber, sind geschmacksneutral und einfach zu dosieren. Auch Rohrohrzucker funktioniert, selbst Honig, wenn du die jeweiligen Geschmacksrichtungen im Bier haben möchtest. Letztendlich ist es egal, solange es die Hefe verwerten kann. Aber irgendetwas davon muss noch rein in die Flache/Fass, damit dein Bier nicht schal wird.

Wie viel Zucker muss den in die Flasche?

Dafür gibt es schöne Kalkulatoren im Netz, die dir das genau ausrechnen, auch auf den jeweiligen Biertyp bezogen. Was sie dir nicht ausrechnen können ist dein Geschmack. Magst du es eher spritzig? Dann benötigst du mehr Zucker.

Alles toll, aber wir müssen da keine Wissenschaft daraus machen. Für uns genügt heute ein Richtwert. Als Orientierungspunkt kann 180 Gramm in etwas Wasser aufgelösten Zucker pro 20 Liter Jungbier dienen.

Am einfachsten rechnest du es dir auf die Flasche herunter und füllst es mit kleinen Dosierlöffelchen (billig erhältlich im Online-Versandhandel) direkt in die Flasche. Also hier die **Richtwerte:**

0,5-Liter-Flasche: 4,5 g Zucker

0,33-Liter Flasche: 3 g Zucker

Vorteil: So kannst du direkt aus dem Gärbehälter in die Flasche abfüllen.

Hast du das Bier schon vorher von der Hefe genommen, zum Beispiel beim Hopfenstopfen, dann kannst du auch die gesamte errechnete Zuckermenge in den Tank geben, nachdem du die genaue Literzahl festgestellt hast. Dann aber darauf achten, dass er gut gelöst und verteilt ist! Sonst bekommst du sehr unterschiedliche Flaschengärungen.

Zum Abfüllen:

Besitzt du einen Gärbottich wie in der Ausrüstungsliste erwähnt, bist du jetzt in einer Luxusposition. In der Regel haben sich die Gärsedimente schön oberhalb des Hahnes abgesetzt und du kannst ganz einfach per Ablasshahn abfüllen.

Also: Gärbottich auf den Küchentisch, eine Schüssel unter den Hahn platzieren, Hahn auf und in die „gezuckerte" Flasche laufen lassen. Abwischen. Verliessen. Wegstellen. Nächste Flasche. Fertig.

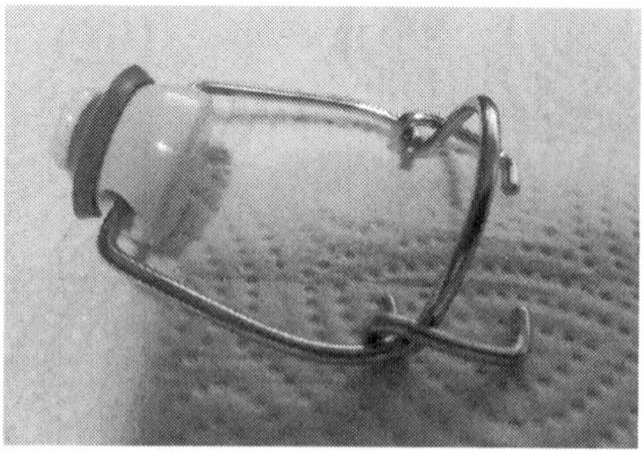

Bei Bügelflaschen hast du vor der Abfüllung den Bügel entfernt - was ganz einfach durch den Spanndraht funktioniert – und desinfiziert. Hierzu einfach eine Schüssel mit dem Aktivsauerstoff ansetzen und die Verschlüsse ein paar Minuten drinnen lassen. Dann abspülen und auf eine Fläche legen, die sie nicht gleich wieder kontaminiert.

Tipp: Im Flaschenhals lässt du 1-2 Fingerbreit Luft.

Noch ein Tipp: Lass die ersten 100 ml in ein Glas laufen und schmeiß sie weg. In denen ist oft viel Hefe und Trub. Und falls du während der Gärung den Hahn benutzt hast, schwemmt es zumindest einige der angesammelten Bakterien raus.

Du kannst es dir noch etwas bequemer machen und da kommt das Abziehröhrchen aus der Ausrüstungsliste ins Spiel. Da übernimmt ein federgesteuerter Verschluss am Ende des Röhrchens die Schließfunktion. Du drückst den Flaschenboden an das Rohrende, es öffnet sich und sobald die Flasche voll ist, senkst du die Flasche ab, der Druck ist weg und das Ventil schließt sich. Einfach, nicht?

Vor allem ist es eine echte (und günstige) Erleichterung, wenn du per Schlauch abziehst. Für den Hahn nutze ich es inzwischen gar nicht mehr, da fülle ich direkt in die Flasche, aber wenn der Schlauch ran muss, spart man sich viel Sauerei und Plackerei!

Je nach deiner Sudausbeute und Flaschengröße hast du jetzt 25 bis 50 Flaschen abgefüllt. Stell sie in eine sichere Ecke (wir haben schon darüber gesprochen) und – so schwer es fallen mag – vergiss sie zumindest die nächsten 14 Tage.

Optionales Filtern

Es kann beim Abziehen vorkommen, dass du mehr Schwebestoffe in die Flache abfüllst, als du möchtest, vor allem, wenn der Pegel in die Nähe des Sediments sinkt. Wie vorhin schon erwähnt: Ultrafiltration bekommen wir im Hobbybereich nie zustande. Offen gesagt verstehe ich auch nicht, warum man die besten Bestandteile des Bieres unbedingt herausfiltern will, es sei denn das Bier soll lange haltbar sein. Aber wenn es haltbarer werden soll, kann man es doch einfach mit 1-2 % mehr Alkohol brauen. So entstand ja auch das Export. Es sind wohl eher wirtschaftliche und logistische Gründe warum das Bier ultrafiltriert wurde und jetzt sind es Geschmacksgründe, warum jede Brauerei auch unfiltriertes Bier anbietet.

Wenn ich von zusätzlichem Filtern spreche, dann um etwas mehr Ausbeute zu bekommen. Nach dem Gärvorgang schwimmt oft etwas vom Hopfen (beim Kalthopfen) oder andere Bestandteile (zum Beispiel von der obergärigen Hefe) oben auf dem Jungbier. Dann sind die abgesackten Sedimente am Boden, die wir da auch belassen wollen. Beim Abziehen kann sich schon der eine oder andere Brocken in die Flasche verirren, besonders zum Schluss. Wenn das stört, hilft hier einfach ein feines Nylonnetz oder ein abgekochtes Baumwolltuch, das man über einen Trichter legen kann. Du könntest dann sogar den Gärbottich zum Schluss noch etwas ankippen, um mehr Jungbier zu gewinnen, ohne freilich gleich die ganzen Sedimente auszukippen.

Manche filtern auf diese Weise auch schon die Würze nach dem Würzekochen, um letzte Reste vom Heißtrub einzufangen.

Ich selbst verwende eines dieser stabilen Nylonsäckchen, die angeboten werden, um zum Beispiel Mandelmilch selbst herzustellen. Mit diesem stabilen Gewebe werden die Rückstände der Nüsse von der Flüssigkeit getrennt. Neben der Stabilität zeichnen sie sich durch die nötige Feinmaschigkeit aus und sind zudem billig. Nicht zu vergessen die Handhabung. Lege die kleinen Säckchen einfach in die Schüssel mit der Desinfektion, in der auch schon deine Flaschenverschlüsse schwimmen. Der aktive Sauerstoff reinigt das Gewebe einfach und schnell mit, damit du es sofort als Filter für die letzten Flaschen nutzen kannst. Das ist für mich der einzige Einsatzzweck eines Filters, aber dadurch gewinne ich mindestens 4-6 weitere von Schwebestoffen befreite Flaschen des edlen Gutes!

Zum Filtern könnte man auch das Hopfensäckchen verwenden. Es ist halt etwas grobmaschiger und nicht so stabil, erfüllt aber seinen Zweck.

Und jetzt ist es mal an der Zeit eine herzliche Gratulation auszusprechen!

Ich denke du hast inzwischen gemerkt, dass gutes Bier eine gewisse handwerkliche Qualität voraussetzt. Du hast dich nicht von vollmundigen Versprechungen blenden lassen, die behaupten „Bierbrauen ist doch total easy“ und kann jeder mit einem Kochtopf und Thermometer erledigen.

Klar, wenn du irgendwo einen fertigen Bierbraukurs kaufst (wie gesagt, so habe ich auch angefangen, hat aber prompt die erste Flaschenbombe erzeugt) und dich genau an die Anleitung hältst, ohne zu verstehen warum, dann wirst du auch Bier bekommen. Und warum nicht, wenn man es sich einfach machen will, wenig Abwechslung sucht, mit wenig Ausbeute zufrieden ist und bereit ist für diesen Service zu zahlen. Und wenn irgendetwas schiefläuft? Bier wird es irgendwie immer. Na ja, fast immer.

Du hast dieses Buch gekauft und bis hierhin gelesen, weil du mehr willst. Genauso wie ich und eine ganze Community von Hobbybrauern da draußen. Weil du eigenes Bier kreieren möchtest, das deinen Stempel trägt. Oder auch nur süffiges, gesundes Lagerbier genießen möchtest. In vernünftigen Mengen, damit sich der Aufwand auch lohnt, möchte ich noch hinzufügen. Ich kaufe immer noch gerne Bier. Dann eher aus kleineren Brauereien. Mein Anspruch ist leider ziemlich gestiegen.

Wir haben jetzt zusammen einfaches Pilsener gebraut. Ich hoffe, dass damit erst deine Lust auf eigenes Bier beginnt. 20 Rezepte habe ich mal zusammengestellt, die – zugeschnitten auf unser Equipment – gut machbar sind. Diese 20 Rezepte kratzen nur an der Oberfläche und sollen dir nur einen Vorgeschmack liefern.

Gemäß „bier.de“ werden in Deutschland zwischen 5.000 und 6.000 Biere gebraut. Weltweit geschätzt beträgt die Markenvielfalt 10.000 bis 15.000 Biere (Stand 2012). Klar sind die Nuancen oft gering und einiges davon wird uns ganz sicher nicht schmecken. Aber ich finde, es zeigt doch schon sehr schön auf, dass wir hier das Potenzial für ein „Hobby fürs Leben“ haben.

Brauanleitung in Kürze

Ich habe dir im vorigen Kapitel viel Hintergrundinformation mitgegeben, damit du verstehst was abläuft und damit du entscheiden kannst, wo du gegebenenfalls beim eigenen Rezept (oder Rezepten aus dem Netz) abweichen und verbessern kannst. Jetzt bekommst du die Kurzversion als direkte Anleitung. Beim ersten Mal wirst du sie dir vielleicht direkt aufgeschlagen und griffbereit neben deine Ausrüstung legen wollen.

1) Ausrüstung und Rohstoffe

Überprüfe deine Ausrüstung gemäß unserer Liste am Anfang. Ist sie komplett und sauber? Einiges kannst du noch reinigen (desinfizieren), während der Sud kocht. Aber Einwecktopf, Maischesack, Thermometer, Messbecher und Paddel sollten bereitstehen.
Checke deine Rohstoffe. Steht dein Rezept? Malz (geschrotet!), Hopfen und Hefe vorhanden?

2) Befülle den Einwecktopf – Einmaischen

Dazu nimmst du einfach 20 Liter heißes Leitungswasser. Die fertige Temperatur beträgt zwischen 40-45 Grad. Dann füllst du das komplette Malz oder die Malzmischung in den Maischesack. Diesen versenkst du langsam im Bottich. Wenn du es herkömmlich magst, dann rührst du das Malz direkt, ohne Sack, in den Bottich. Die Temperatur wird jetzt wieder auf die gewünschten 38-40 Grad absinken. Rühre gleichmäßig um, damit jedes Korn die gleiche Wärmezufuhr erfährt.

Jetzt sollte der Einwecktopf schön voll sein. Oft – aber nicht immer – wirst du jetzt gleich mit einer Schaumkrone belohnt, die bald wieder in sich zusammenfallen wird. In etwa so wie im folgenden Bild.

3) Erste Rast – Eiweißrast bei 52 Grad

Mit den heute verfügbaren Braumalzen kannst du eigentlich gleich damit beginnen auf 52 Grad aufzuheizen, denn das dauert etwas. Wenn du sichergehen willst, dann warte damit 10 Minuten. Nachdem du die 52 Grad erreicht hast, hältst du diese Temperatur **für 20 Minuten** ein. Der Schaum sollte sich jetzt deutlich zurückgebildet haben. Diese Rast entscheidet später über Klarheit und Schaumbildung.

4) Zweite Rast – Maltoserast bei 60-63 Grad

Du heizt zügig auf 63 Grad auf. Das ist einer der wichtigsten Raste, denn hier wird hauptsächlich der Alkoholgehalt bestimmt. Vergiss das Rühren nicht. Wir möchten eine gleichmäßige Wärmeverteilung und auf gar keinen Fall, dass etwas anbrennt! Diesen Geschmack würdest du nicht mehr aus dem Bier herausbekommen. Also gilt jetzt bei jedem Aufheizen das Rührprinzip!

Du siehst an dem Bild, dass der Schaum jetzt weg ist und sich generell der Sud langsam klärt. In dieser Rast kannst du den Fortschritt auch gut am Geschmack kontrollieren. Dieser ist anfangs eher mehlig, später wird er immer süßer.

Halte diese Rast in der Regel **50 Minuten**. Sie kann aber, besonders bei schlanken Bieren mit viel Stammwürze, oder bei schlechtem PH-Wert auch mal länger dauern. Auch bei nicht so enzymstarken Malz. Es schadet nicht, wenn diese Rast länger dauert. Manchmal wird sie sogar kürzer sein (Rezept beachten!)

5) Verzuckerungsfortschritt prüfen

Dafür hast du das Brauereijod und das Refraktometer. Mach die Jodprobe, um den Stärkeabbau festzustellen. Nur einen Tropfen auf 1-2 Esslöffel Sud verwenden!

Lila bis schwarz: Es ist noch reichlich Stärke vorhanden, die nicht vergärbar ist, also weiter

- **Rot bis braun:** Das ist schon gut. Kaum noch Stärke vorhanden. Manche gehen jetzt schon zur nächsten Rast über
- **Gelb bis orange:** fertig! Mehr geht nicht. Jodnormalität erreicht.

Nimm das Refraktometer und bestimme die Stammwürze. Dazu benötigst du nur ein paar Tropfen der Maische. Das Maischepaddel eignet sich hierfür hervorragend. Lass sie auf die Glasplatte des Refraktometers tropfen und schließe das Kunststoffkläppchen. Achte auf flächendeckende Verteilung der Flüssigkeit auf der Glasplatte. Dann schau durch das Gerät und lese einfach den Wert ab. Die Angabe ist schon fertig in Prozent und zeigt die Stammwürze an.

Das kannst du von Zeit zu Zeit wiederholen, um den Fortschritt zu beobachten.

Du solltest bei unserem Bier in den Bereich von 12-13 % kommen. Mehr ist immer gut , weniger macht nichts, denn das holen wir beim Kochen wieder raus!

6) Verzuckerungsrast bei 72 Grad

Heize jetzt unter Rühren auf 72 bis 73 Grad hoch. Wahrscheinlich hast du noch nicht ganz Jodnormalität erreicht. Das ist jetzt dein Ziel. Auch das ist eine sehr wichtige Rast, die mit über die Vollmundigkeit des Bieres bestimmen wird. Halte die Temperatur hier für **15 bis 20 Minuten**. Dann sollte **Jodnormalität** erreicht sein. 30 Minuten schaden auch nicht.

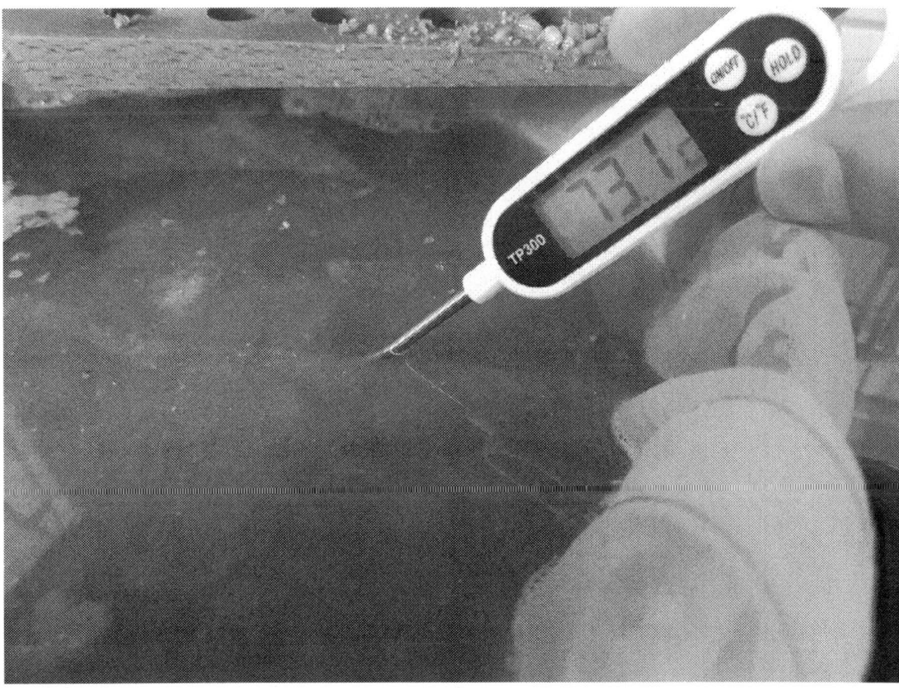

In dem Bild siehst du deutlich, dass sich der Sud zunehmend klärt. Wahrscheinlich wird dein Refraktometer noch einen leichten Anstieg in der Stammwürze anzeigen.

7) Abmaischen bei 78 Grad

Heize nun unter Rühren auf 78 bis 80 Grad hoch. Diese Temperatur sollte möglichst genau eingehalten werden, und zwar **für 20 Minuten**. Rühren ist hier besonders wichtig, weil wir ein enges Temperaturfenster haben und die Wärmeverteilung gleichmäßig erfolgen soll. Achte darauf, nicht über die 80 Grad zu kommen!

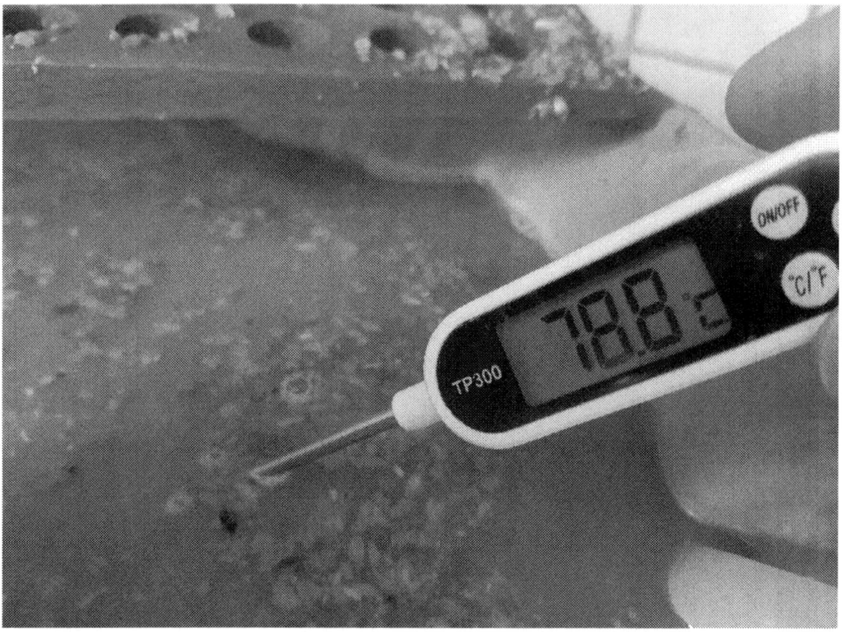

An der Farbe des Sudes ändert sich nicht mehr viel. Allenfalls wird es durch das viele Rühren trüber. Über 80 Grad lösen sich unerwünschte Stoffe aus dem Spelz, also ist hier die Einhaltung der Temperatur am wichtigsten.

8) Läutern & Nachguss

Nimm jetzt den Plastikeimer, stelle das Sieb darauf und hebe den Maischesack auf das Sieb. Das kann schwer werden, vielleicht hast du einen Helfer. Die Läuterung wäre in diesem Fall erledigt, das hat der Maischesack schon getan.
Wärme das Wasser für den Nachguss auf 78 Grad und begieße den Maischesack damit. Du wirst so 5 bis 10 Liter Wasser benötigen. Dann kippst du den Nachguss wieder in den Einwecktopf für den nächsten Schritt. Miss gerne noch einmal den Gehalt an Stammwürze und denke daran, dass sich diese beim Kochen wieder erhöhen wird (weil Wasser verdampft). Die Spelze kannst du entsorgen, den Maischesack für den nächsten Brautag auswaschen.

Verzichtest du auf den Maischesack, dann schöpfe zuerst den Treber aus dem Sud und schichte ihn in das Sieb. Das sieht dann so aus:

Dann nimm den Messbecher und schütte den Sud darüber. So läuterst du ihn, die Spelze – gerade die von der Gerste – ergeben einen super Filter. Wenn es stocken sollte, musst du halt Geduld haben und immer wieder mal auflockern.

Ist dein Topf leer geschöpft reinigst du ihn und füllst die geläuterte Würze zurück in den Einwecktopf.

Zwischenzeitlich hast du wahrscheinlich den Nachguss auf die 78 Grad erwärmt. Gieße ihn mit dem Messbecher über den immer noch im Sieb aufgehäuften Treber. Der sollte nie ganz trockenlaufen, aber das wird ja kein Problem darstellen. Wenn das erledigt ist, dann entsorgst du die ausgespülten Spelze, oder bäckst ein ballaststoffhaltiges Vollkornbrot davon.

Dann kommt die komplette Würze wieder zurück in den Einwecktopf, damit das Kochen beginnen kann.

9) Würzekochen

Beim Aufheizen auf die Kochstufe kannst du gerne den Deckel nutzen, aber wenn es wallend kocht, dann musst du den Deckel wieder herunternehmen, damit weitere unerwünschte Stoffe ausdampfen können. 60 Minuten ist das Minimum. Empfohlen werden **90 Minuten Kochzeit**.

So kocht es „wallend".

Wie du auf dem Bild siehst, kommt es anfangs manchmal wieder zur Schaumbildung, die aber schnell wieder zusammenfällt. Auch die Hopfenzugabe wird etwas schäumen.

Beim Kochen werden weitere Stoffe ausgefällt, die die Qualität deines Bieres weiter steigern – der Heißtrub.

Jetzt ist die Zeit für die Hopfengabe.

10) Hopfengabe

5 Minuten nachdem die Kochtemperatur erreicht ist, gibst du in unserem Fall die ersten 30 g (50 %) Hopfengabe zu. Per Küchenwaage hat du die genaue Grammzahl ermittelt.

10 Minuten vor Kochende gibst du die zweite Hälfte, also 30 g (50 %), der Hopfengabe zu.

Wie schon vorher erwähnt, gibt es sehr unterschiedliche Hopfendosierungen und -schemen. Die gängigen habe ich alle beschrieben und die Rezepte erklären auch, was sie von dir wollen. Die Menge der Hopfengabe ist einer der einfachsten Methoden das Bier auf deinen Geschmack anzupassen.

Zwischenzeitlich: Vergiss nicht, deinen Kühler 10-15 Minuten in dem Sud abzukochen! Das kannst du natürlich auch in einem extra Gefäß erledigen, er muss nur keimfrei bereitstehen, wenn wir ihn nach der Trubabscheidung benötigen. Bereite auch schon mal den Wasseranschluss vor, damit du nur noch einstecken musst.

11) Trubabscheidung

Nach dem Würzekochen kümmern wir uns um die zweite Klärung des Sudes – dem Heißtrub. Schalte die Kochplatte aus, nimm das Maischepaddel und rühre bedächtig so lange im Kreis, bis ein Strudel entsteht – der berühmte Whirlpool. Nicht zu heftig drehen, sondern langsam ansteigend, damit sich die durch das Abkochen entstandenen Eiweißketten nicht wieder auflösen.

Wenn sich der Sud schön im Kreis dreht, dann **setze den Deckel auf den Topf und warte 15 Minuten.**

In der Zwischenzeit kannst du schon einmal den sauberen Plastikeimer unter den Ablasshahn positionieren. Wahrscheinlich wirst du einen Abziehschlauch an den Hahn halten und in den Eimer ablassen. Also stelle auch den desinfizierten Schlauch bereit. Der Schlauch wird dir helfen bei dem Vorgang nicht zu viel Luft an den Sud zu lassen.

Nach 15 Minuten kannst du mit dem Ablassen beginnen. Die ersten 100 ml vom Hahn lässt du ins Glas laufen und kippst es weg. Jetzt lasse den Inhalt in den Eimer laufen, damit du den Sud zum Abkühlen bringen kannst.

Hier im Bild siehst du den Kegel, der sich durch den Whirlpool bildet und den wir natürlich im Bottich belassen wollen.

Das Bild zeigt auch schön, dass der Ablasshahn perfekt angeordnet ist. Er sitzt schon am Rand und ein Stückchen oberhalb des Bodens, ist also gut geeignet den klaren Sud abzulassen.

Benutzt du einen Abziehschlauch, dann achte darauf, den Schlauch nur am Rand anzusetzen und nicht auf den Boden zu kommen. Ein Helfer ist dann sehr hilfreich.

Für beide Methoden gilt aber: Der Kegel wird sich mit fallendem Flüssigkeitspegel wieder verflachen (wie schon am Bild zu erkennen) und sich wieder Richtung Rand bewegen. Dann ist besonders bei der Schlauchmethode darauf zu achten, diese Partikel nicht mit einzusaugen.

Nimmst du ein paar Partikel mit, ist das auch kein Problem. Immerhin verzichten ja manche komplett auf diese Ausfällung von Heißtrub und hoffen, dass es sich durch die Gärung schon absetzen wird... Habe ich schon erwähnt, dass wir es handwerklich gut machen wollen? Wir hoffen nicht, wir machen!

12) Würzekühlung

Ist alles Verwertbare im Eimer, tauchst du den Kühler in die Würze ein, drehst den Kaltwasserhahn auf und kühlst den Inhalt möglichst schnell unter 30 Grad ab. Dabei bewegst du den Kühler schön hin und her, damit es schneller geht. Anmerkung: Scheidest du den Trub per Kaltausschlagung ab, ist das nicht erlaubt (siehe Beschreibung des Vorgangs oben)!

Sei geduldig. Am Anfang geht es schnell, aber ab 35-40 Grad dauert es länger.

Benötigst du Temperaturen unter 25 Grad (Stichwort untergärig), kannst du auch mal zu weiteren Hilfsmitteln greifen.

Siehe Bild.

Gefrorene Kühlelemente zu verwenden ist ziemlich effektiv, wenn du sie in die bereits heruntergekühlte Würze legst und etwas stehen lässt. Du kannst sie gut vorher mit aktivem Sauerstoff desinfizieren.

Generell gilt: Auch wenn es dir alles schon ganz kalt vorkommt, miss es lieber mit dem desinfizierten Thermometer genau nach!

Solltest du gar keine der beschriebene Kühlmethoden verwenden, dann hast du den Eimer jetzt fest verschlossen, in eine kühle Ecke gestellt und wartest mindestens einen Tag.

13) Gärbottich und Hefegabe

Die Trockenhefe hast du für ca. 30 Minuten in einem Glas mit lauwarmem Wasser (25-30 Grad) vitalisiert. Hat dein Bier die richtige Temperatur für die Hefe (siehe Herstellerinformation!) – bei unserer obergärigen Hefe dürften das relativ unbedenkliche 30 Grad sein – dann kannst du die Hefe beigeben.

Sorge jetzt – im Gegensatz zu vorher - unbedingt dafür, dass Luft an den edlen Stoff kommt! Rühre am besten mit dem gesäuberten Maischepaddel kräftig auf und um. Das verteilt zudem die Hefe. Es darf ruhig schäumen. Das funktioniert wahrscheinlich im Plastikeimer besser als im Gärbottich, alleine schon wegen der Öffnung. Es reicht wahrscheinlich nicht, einfach nur plätschernd umzufüllen. Geh auf Nummer sicher.

Jetzt füllst du final in den Gärbottich ab. Oder du verwendest den Plastikeimer, in dem du schon abgekühlt hast, und befestigst den Gäraufsatz. Es muss nur luftdicht sein. Was immer du verwendest, stelle es an einen ruhigen Platz und lass die Hefe ihre Arbeit vollrichten.

Geschafft!

Rechentabellen

Gerade bei der Hopfengabe wirst du auch beim Nachkochen von Rezepten öfters Anpassungen vornehmen müssen. Denn Hopfen ist ein Naturprodukt und hat jede Saison einen anderen Gehalt an Alphasäure, dem Bitterstoff. Also bedarf es der Korrektur an Menge, die du zugibst. Oder du möchtest den Bittergrad deines Bieres eben selbst bestimmen.

Ich verweise auf ein paar Tabellen, die du als gute Richtlinie benutzen kannst, und zwar aus dem Netz. Was das Internet hier bietet, ist wesentlich bequemer und ausgereifter als alles von Hand Ausgerechnete. Ich stelle nicht gerne Links zur Verfügung: Sie ziehen um, sind nicht mehr erreichbar oder die Anbieter wollen plötzlich Geld vom Nutzer. Oder meine Objektivität wird infrage gestellt.

Ich springe jetzt über meinen Schatten und poste hier nur zwei Seiten, die einfach alles an Rechentools bieten, was das Herz begehrt:

- www.brauerei.mueggelland.de/
- www.Fabier.de

Oft gibt es noch Rezepte und alles Mögliche gratis dazu. Sonst nutze einfach die omnipotente Suchmaschine, die mit G… anfängt und …oogle aufhört, oder deren Äquivalent und gib einfach eines der folgenden Stichworte ein:

- Hopfenrechner
- Zuckerberechnung Nachgärung
- Alkoholgehalt engvergorenes Bier
- Malzrechner
- Mathe-für-Hobbybrauer

Ein ausdrückliches Dankeschön an die Bereitsteller dieser kostenlosen Rechentools, die du hier finden wirst.

Was es mit den verschiedenen Zutaten auf sich hat, habe ich dir ja ausführlich beschrieben. Wenn es um die Berechnung der Mengen geht, helfen uns die Mathegenies. Noch einmal und auf die Gefahr hin, mich zu wiederholen: Auch Rechentools oder fertige Rezepte können natürlich nicht deinen Geschmack widerspiegeln. Aber sie liefern eine solide, wichtige und unverzichtbare Grundlage, mit der man arbeiten kann. Und dann liegt es an dir! Mit diesem Buch hast du ja jetzt die Ausrüstung, alles auszuprobieren, wozu du Lust hast.

Hier noch eine Tabelle mit Richtwerten für die Bitterkeit (IBU) der Biertypen:

Altbier:	IBU: 25-40 (teilweise bis 60)
Pils:	IBU: 25-45 (teilweise bis 50)
Märzen:	IBU: 20-25
Weizenbier:	IBU: 10-20
Kölsch:	IBU: 15-35
Märzen:	IBU: 20-25
Berliner Weiße:	IBU: 4-6
Bock (hell):	IBU: 10-40
Doppelbock (hell):	IBU: 15-35
Lager:	IBU: 5-25
Export:	IBU: 20-30
Dunkle Starkbiere:	IBU: 25-30
Irische Stouts:	IBU: 35-65
Budweiser:	IBU: 30

Und an dieser Stelle darf das Beispiel einer händischen Berechnung nicht fehlen. Bei der Dosierung des Hopfens, um die Bitterkeit eines Bieres einzustellen, gibt es verschiedene Formeln. Allgemein anerkannt ist folgende Ermittlung nach (nach Glenn Tinseth):

$$\text{Ausnutzung} = (1{,}65 * 0{,}000125(0{,}004 * \text{Würzegehalt}[^\circ P])) * ((1 - e(-0{,}04 * \text{Kochzeit}[\text{min}])) / 4{,}15)$$

Für den Durchschnittsbürger eher kompliziert. Es gibt auch einfachere Berechnungen, aber sie haben alle ein Problem: Die Genauigkeit.

Da die Art der Hopfung (z. B. Vorderwürzung) und die unterschiedlichen Zeiten der Zugabe eine sehr große Rolle für den IBU-Wert spielen (… und wenn ich dann auch noch verschiedene Hopfen benutze, wird es wirklich kompliziert …), verweise ich dann doch lieber wieder auf einen der tollen Rechner im Internet, die all dies berücksichtigen.

Später magst du die Dosierungen im Blut haben. Ich aber noch nicht, und dann greife ich doch lieber auf das Messbare zurück. Stell dir nur vor, du hast das perfekte Bier kreiert und kannst es nicht nachkochen. Ein Albtraum!

Haltbarkeit

Noch ein Wort zur Haltbarkeit deines Selbstgebrauten. Da wir auf moderne Mittel der Haltbarkeitsmachung verzichten, lässt sich die Frage gar nicht so leicht beantworten. Dazu kommt noch, dass sich dein Bier mit der Lagerung verändert. Das ist so gewollt und wird deine Kreation noch einmal deutlich verbessern, runder machen und zum Beispiel einige der bei der Gärung unerwünscht entstandenen Geschmacksnuancen wieder abbauen. Andere hingegen wieder herausschälen. Kurz: Dein Bier ist ein gesundes, unverfälschtes Naturprodukt und entsprechend „lebendig". Voraussetzung für eine gute Lagerung ist die Hygiene nach dem Würzekochen und beim Abfüllen.

Das Gute ist, wir haben einige natürliche Stoffe, die uns bei der Haltbarkeit unterstützen. Sauerstoffentzug in der sauber verschlossenen Flasche, Die Bierhefe, die anderen Bakterien die Nahrung wegnimmt, der Alkohol, der entsteht, der leicht saure PH-Wert und nicht zu vergessen der Hopfen, der konservierend wirkt.

Dann ist hier noch die Sache des Geschmacks zu Werten. Ein stark gehopftes Pale Ale wird relativ bald die flüchtigen Ätherischen Öle des Hopfens abbauen und so auch seinen typischen fruchtigen Charakter abbauen. Wird es deshalb ein schlechtes Bier? Nein, aber es wird eben anders schmecken. Ein vielleicht mit zu viel Bitterhopfen dosiertes Bockbier, das am Anfang hart und knarzig schmecken mag, wird viel runder und weicher mit der Zeit. Auch andere Braufehler kann die Lagerung wieder abbauen.

Also wird man ein Pale Ale, das eh nicht so lange reifen muss, gerne innerhalb ein paar Wochen aufbrauchen wollen. Es spricht aber nichts dagegen sich ein paar kleine Testfläschchen beiseite zu legen, um mal zu testen, wie das Bier in 6 Monaten schmeckt.

Weizenbier ist tendenziell nicht so lange haltbar und verliert dann gerne die typischen Weizenaromen. Und trotzdem berichten manche im Forum, dass sie eine Berliner Weiße noch nach 2 Jahren geöffnet und getrunken haben und sogar immer besser wurde.

Bockbiere sind durch den hohen Hopfen- und Alkoholgehalt prädestiniert für lange Lagerung, vor allem die dunklen Bockbiere, die oft noch einen höheren IBU haben. Sie benötigen ja von schon anfangs eine längere Reifezeit und werden oft absichtlich 1 Jahr (oder auch mal 5 Jahre) liegen gelassen, dann aber unter gleichmäßigen Temperaturen bei 10-15 Grad.

Generell können wir festhalten, dass sich unsere Biere mit der Alterung verändern und irgendwann das Optimum überschreiten werden. Die frischen Hefearomen und die Hopfenaromatik gehen mit der Zeit verloren. Aber die Biere sind immer noch lange danach gut trinkbar und lecker.

Wenn ich mich unter Berücksichtigung der oben erwähnten Faktoren an eine generelle Aussage zur Haltbarkeit wagen möchte, dann würde ich folgendes festhalten:

Bei den meisten Weizenbieren (Weizenbock zum Beispiel ausgenommen) und Ales würde ich sagen, sie erreichen ihr Optimum nach ca. 3-4 Wochen. Danach sind sie problemlos 3-6 Monate lang lagerbar. Starkbiere, wie Stouts, Bock, etc. sind fast unbegrenzt haltbar, auch wenn sie an geschmacklicher Komplexität verlieren. IPAs würde ich eher - wegen deren Hopfenbetonung - schon nach 3 Monaten getrunken haben, auch wenn sie länger haltbar sind.

Ich hoffe damit das schwierige Thema „Haltbarkeit" etwas erleuchtet zu haben. **Tatsächlich kann Bier gar nicht verderben**, da es auch nach langer Zeit keine schädlichen Bakterien entwickelt. Es verliert nur an Geschmack.

Bierrezepte

Die folgenden Rezepte sind auf unsere Ausrüstung und auf ca. 20 Liter Ausbeute abgestimmt. Sie geben dir einen guten Start in die Vielfalt des Selberbrauens und sind trotzdem nur ein Anfang. Die Anleitung in diesem Buch sollte dir schon genug Wissen und Selbstsicherheit gegeben haben, dass du sie auch gemäß deinem Geschmack abändern/verfeinern kannst.

Oft sind bestimmte Hopfennamen angegeben, die in dieser Art vielleicht gerade nicht erhältlich sind. Das hängt eben mit der aktuellen Ernte zusammen. Zudem kommen immer mal wieder spannende neue Züchtungen auf den Markt. Deshalb achte auf die prozentuale Angabe der Alphasäure und passe sie an. Außerdem wird dir der gute Onlinehändler auch eine geschmackliche Beschreibung der Hopfensorte liefern, oft sogar noch ähnliche Alternativen anbieten.

Auch die Wasserfüllungen hängen von deinem Einwecktopf ab, der Menge der Malzfüllung und dem Verkochen. Das ist nicht so tragisch, du hast ja dein Refraktometer zur Kontrolle. Und wenn der Gehalt an Stammwürze etwas schwankt, ist es auch nicht schlimm. Du dokumentierst das Ergebnis und kannst das nächste Mal anpassen, wenn du es wünscht.

So, und jetzt viel Spaß beim Ausprobieren!

Pilsner

Das klassische Pilsner – jeder kennt es! Es schmeckt immer gut und jetzt noch besser, weil selber gebraut. Wir sind etwas großzügiger mit dem Hopfen, um den kleinen besonderen Kick zu bekommen.

Zutaten

- 4 kg-4,5 kg Pilsner Malz
- 60 g Hopfenpellets (ca. 7 % Alphasäuregehalt)
- Hauptguss: 20 Liter Wasser
- Nachguss: 5 Liter Wasser, bei Bedarf auch mehr
- Untergärige oder obergärige Trocken-Bierhefe: beides möglich

Maische-Schema

- Einmaischen: ca. 20 Minuten bei 50 °C
- Eiweißrast: 15 Minuten bei 55 °C
- Maltoserast: 40 Minuten bei 64 °C
- Verzuckerungsrast: 20 Minuten bei 72 °C
- Verzuckerungsrast: 20 Minuten bei 78 °C
- Die Würze nun mit 5-10 Liter Nachguss läutern
- Würzekochen 60-90 Minuten

Hopfenzugabe

- 2/3 zu Beginn des Kochens zugeben
- 1/3 10-15 Minuten vor Kochende zugeben

Abfüllen

- Haushaltszucker für die Carbonisierung: ca. 4 g pro 0,5-Liter-Flasche und 2,5 g pro 0,33-Liter-Flasche
- Stammwürzegehalt: ca. 12 %
- Reifezeit: 6 Wochen

Maibock

Einer meiner Lieblingsbiere. Ein heller Bock, der mit seinem kräftigen Malzcharakter richtig Spaß macht. Dazu kommt noch das edle Hopfenaroma. Seinen Namen erhielt er tatsächlich von dem Monat, in dem er früher gebraut, besser: serviert wurde. Die untergärige Hefe verlangte noch die niedrigen Gär- und Reifetemperaturen, sodass er genau im Wonnemonat Mai fertig war. Und so schmeckt er auch!

Hier habe ich ein spezielles Rezept für obergärige Hefe.

Zutaten

- Wiener Malz: 3,3 kg
- Münchner Malz: 1,5 kg
- helles Karamellmalz: 0,400 kg
- Sauermalz (2,5 - 12 EBC) 0,200 kg
- Hefe: Danstar Nottingham Ale (obergärig)
- Hopfen (Vorderwürze): 27 g Spalter Select (5,3 % alpha)
- Hopfen (Bitterung): 5 g Magnum, Taurus oder Merkur (ca. 15 % alpha)
- Hopfen (Aroma): 27 g Cascade (5 % alpha)
- Hauptguss: 20 Liter
- Nachguss ca. 8 Liter

Maische-Schema

- Einmaischen: ca. 20 Minuten bei 50 °C
- Eiweißrast: 10 Minuten bei 55-57 °C
- Maltoserast: 45 Minuten bei 61-64 °C
- Verzuckerungsrast: 20 Minuten bei 72 °C
- Verzuckerungsrast (Abmaischen): 20 Minuten bei 78 °C
- Die Würze nun mit dem Nachguss abläutern und filtern.
- Würzekochen 80-90 Minuten.

Hopfengabe

- Vorderwürze nach Anleitung
- Bitterung: 10 Min. nach Kochbeginn - für min. 70 Minuten kochen
- Aromahopfung: 5-10 Minuten vor Kochende

Abfüllen

- Haushaltszucker für die Carbonisierung: ca. 4 g pro 0,5-Liter-Flasche und 2,5 g pro 0,33-Liter-Flasche
- Stammwürzegehalt: ca. 17 %
- Ziel: Alkohol: 7,2 Vol. %
- Reifezeit. 6 Wochen

Da der Maibock die hopfenbetonte Variante des hellen Bocks ist, kannst du auch ruhig etwas großzügiger mit der Beigabe des Aromahopfens sein, und/oder etwas mehr Malz verwenden!

Außerdem kannst du natürlich mit dem gleichen Rezept die untergärige Variante ausprobieren. Wähle dann einfach eine untergärige Lagerhefe und achte auf die Gärtemperaturen.

Märzenbier

Märzenbier ist ein untergäriges Vollbier, das ursprünglich im März gebraut wurde. Auch wieder wegen der Verarbeitungstemperaturen des untergärigen Bieres. Heute unterliegen wir ja nicht mehr diesen Restriktionen und das Märzen ist praktisch mit dem Oktoberfestbier identisch. Das ganze Jahr über Oktoberfestbier! Es ist süffig und besticht durch seinen malzaromatischen und kräftigen Geschmack. Außerdem hat es typischerweise 1 % mehr Alkohol wie das Durchschnittsbier.

Zutaten

- 4,4 kg Pilsner Malz
- 200 g dunkles Karamellmalz
- 90 g Hopfenpellet , Rohhopfen ca. 10 % mehr (ca. 4 % Alphasäuregehalt)
- ca. 30 Liter Wasser (inkl. Nachguss)
- Untergärige Bierhefe
- Trockenhefe 12 g (je nach Sorte)

Maische-Schema

- Einmaischen: ca. 20 Minuten bei 35 °C
- Eiweißrast: 15 Minuten bei 55 °C
- Maltoserast: 30 Minuten bei 64 °C

- Verzuckerungsrast: 20 Minuten bei 72 °C
- Verzuckerungsrast: 20 Minuten bei 78 °C
- Die Würze nun mit Nachguss abläutern und filtern.
- Würzekochen 60-90 Minuten

Hopfenzugabe

- 2/3 zu Beginn des Kochens zugeben
- 1/3 10-15 Minuten vor Kochende zugeben

Abfüllen

- Haushaltszucker für die Carbonisierung: ca. 4 g pro 0,5-Liter-Flasche und 2,5 g pro 0,33-Liter-Flasche
- Stammwürzegehalt: ca. 13-15 %
- Reifezeit: 5 Wochen

Möchtest du etwas mehr Hopfenaroma? Dann experimentiere mit der Vorderwürzung oder gebe die zweite Gabe erst 5 Minuten vor Kochende hinzu: Dann darf es auch etwas mehr sein. Du kannst ein Märzen auch obergärig brauen und den Unterschied testen!

Weizenbier Rezept

Spritzig und besonders im Sommer gern gesehen. Je nach dem Rezept fruchtiger oder würziger im Geschmack. Die Gärung geht relativ schnell vonstatten und das Bier kann innerhalb weniger Wochen genossen werden. Zudem ist es obergärig, was es einfacher in der Herstellung macht.

Zutaten

- 1,7 kg Pilsner Malz
- 2,5 kg Weizenmalz
- ca. 80 g Hopfenpellets
- 30 Liter Wasser (incl. Nachguss)
- Obergärige Bierhefe für Weizenbiere

Maische-Schema

- Einmaischen: ca. 20 Minuten bei 35 °C
- Eiweißrast: 15 Minuten bei 55 °C
- Maltoserast: 35 Minuten bei 64 °C
- Verzuckerungsrast: 20 Minuten bei 72 °C
- Verzuckerungsrast: 20 Minuten bei 78 °C
- Die Würze nun mit 5-10 Liter Nachguss abläutern und filtern.
- Würzekochen 60-90 Minuten

Hopfenzugabe

- 2/3 zu Beginn des Kochens zugeben
- 1/3 10-15 Minuten vor Kochende zugeben

Abfüllen

- Haushaltszucker für die Carbonisierung: ca. 4 g pro 0,5l-Flasche und 2,5 g pro 0,33-Liter-Flasche
- Stammwürzegehalt: ca. 12-14 %
- Reifezeit: 3-5 Wochen

Tipp für Dein eigenes Weizenbier: Probiere doch mal eine extra Gabe fruchtigen Hopfens als Kalthopfen! Die typische Weizenbierhefe wird den nelkenartigen Geschmack oder den Bananengeschmack betonen. Was könnte dazu passen? Wenn du den Getreidegeschmack hervorheben möchtest, dann eher eine neutrale Hopfung. Siehe auch dunkles Weizenbier.

IPA (India Pale Ale)

Das berühmte Pale Ale. Es gibt viele Varianten davon. Eines haben sie gemeinsam: das fruchtige, hopfenbetonte Aroma. Es sollte – wie alle hopfenbetonten Craft-Biere – recht bald genossen werden, weil die ätherischen Öle im Hopfen flüchtig sind. Das passiert schon nach einigen Wochen. Je länger du wartest, desto mehr geht der besondere Geschmack verloren, was aber das Bier noch lange nicht schlecht macht. Mit der obergärigen Hefe schön das ganze Jahr über zu brauen.

Zutaten

- 3 kg Pale Ale Malz
- 1 kg Pilsner Malz
- 0,5 kg Cara Hell
- 0,5 kg Cara Amber
- 120 g Hopfen (8 % Alphasäure)
- 22 Liter Wasser zum Einmaischen
- Ca. 7 Liter Wasser für den Nachguss
- Obergärige Hefe (z. B. Safale S-04)

Maische-Schema

- Einmaischen bei 45 °C.
- Verzuckerungsrast (Maltoserast): 90 Minuten bei 66 °C.
- Endverzuckerung (Abmaischen): 20 Minuten bei 78 °C.
- Die Würze nun mit Nachguss abläutern und filtern.
- Würzekochen 60-90 Minuten.

Hopfenzugabe

1. Hopfengabe: 40 g nach Kochbeginn.
2. Hopfengabe: 40 g 80 Minuten später (10 Minuten vor Kochende).
3. Hopfengabe: 40 g nach dem Anstellen in die Würze geben.

Abfüllen

- Haushaltszucker für die Carbonisierung: ca. 4 g pro 0,5-Liter-Flasche und 2,5 g pro 0,33-Liter-Flasche
- Stammwürzegehalt: ca. 14 %
- Reifezeit: mindestens 1 Woche

Abwandlungen:

Beim IPA kommen oft drei, vier oder sogar noch mehr Hopfensorten zum Einsatz. Die Sorten sind dabei unterschiedlich: East Kent Golding, Fuggle, Amarillo, Azacca, Summit und viele andere. Du kannst hier wirklich das Rezept sowohl in Menge als auch in Alphasäure abwandeln. In diesem Rezept haben wir nur eine Sorte, aber selbst diese ohne Namensangabe. Die Menge ist wichtig. Denke daran, dass die hohe Alphasäure nur beim Kochen zum Tragen kommt.
Auch eine einzelne Hopfensorte kann sehr reizvoll sein, weil sie dann besonders dominant und pur herauskommt.

Altbier

Altbier kommt traditionell mit nussigen Malzaromen daher und einer nicht zu starken Hopfung. Es ist vor allem im Niederrheingebiet stark verbreitet. Tatsächlich hält das Altbier einer der ältesten Brautraditionen der Welt. Es reicht bis in die römische Antike zurück. Entsprechend ist die Herstellung einfach.

Zutaten

- 3,2 kg Münchner Malz
- 1 kg Weizenmalz dunkel
- 40 g Röstmalz
- Hefe: obergärig für Altbiere
- 50 g Hopfen (Pellets, 8 % Alphasäure)
- 14 Liter Wasser zum Einmaischen

Maische-Schema

- Einmaischen bei 35 °C.
- Verzuckerungsrast (Maltoserast): 35 Minuten bei 64 °C.
- Verzuckerungsrast: 20 Minuten bei 72 °C.
- Endverzuckerung (Abmaischen): 20 Minuten bei 78 °C.

- Nachguss ca. 10 Liter, je nach gewünschter Stärke
- Würzekochen 60-90 Minuten.

Hopfenzugabe

- 2/3 zu Beginn des Kochens zugeben
- 1/3 10-15 min vor Kochende zugeben

Abfüllen

- Haushaltszucker für die Carbonisierung: ca. 4 g pro 0,5-Liter-Flasche und 2,5 g pro 0,33-Liter-Flasche
- Stammwürzegehalt: ca. 12 %
- Reifezeit: mindestens 6 Wochen

Für einen kräftigeren Malzgeschmack kannst du auch mit mehr Röstmalz experimentieren oder einem anderen Hopfenschema.

Irish Stout

Das berühmte Irish Stout! Es ist obergärig, tief-schwarz und hat einen hohen Alkoholgehalt von meist über 7 Prozent. Der Fokus liegt auf dem malzhaltigen Geschmack. Der Hopfen spielt eine untergeordnete Rolle und dient hauptsächlich der Bitterung und der Balance, um die Malzsüße etwas zu kompensieren.

Zutaten

- 5 kg Wiener Malz
- 1,3 kg Gerstenflocken
- 100 g Röstmalz
- 80 g Hopfen (Pellets, 8 % Alphasäure)
- 17 Liter Wasser zum Einmaischen
- Bis zu 17 Liter Wasser für den Nachguss
- Obergärige Hefe

Maische-Schema

- Maischen bei 40 °C und 15 Minuten halten.
- Besonderheit hier: es gibt weder eine Eiweiß-, noch eine Maltoserast.
- Stattdessen folgt bei 67 °C eine 90-minütige Rast.

- Prüfe auf Jodnormalität
- Dann erwärme den Sud auf 78 °C. und halte ihn 20 Minuten
- Nachguss bei 78 bis 80 °C
- 90 Minuten Würzekochen

Hopfenzugabe

- Der Hopfen wird in nur einer Portion 10 Minuten nach Kochbeginn zugegeben.

Abfüllen

- Haushaltszucker für die Carbonisierung: ca. 4g pro 0,5-Liter-Flasche und 2,5g pro 0,33-Liter-Flasche
- Stammwürzegehalt: ca. 17 %
- Reifezeit: mindestens 8 Wochen

Wenn dir das Bier zu stark ist, bist du zu schwach □. Nein, sorry, dann kannst du weniger Malz verwenden, oder die Würze vor der Hefezugabe mit Wasser auf die gewünschte Stammwürze einstellen (dafür das Refraktometer!). Wenn es zu schwach ist, verfährst du genau andersherum.

Roggenbier

Roggenbier ist ein spezielles Bier. Angeblich hat man es bis zum 15. Jahrhundert gebraut. Normalerweise ist es dunkel, trüb und obergärig, kann aber auch untergärig gebraut werden. Verwendest du eine Weizenbierhefe, betonst du die schon vorhandenen fruchtigen Aromen. Der Roggenanteil sorgt für einen säuerlichen, brotigen Anteil.

Zutaten

- 2 kg Pilsner Malz
- 1,3 kg Weizenmalz
- 0,8 kg Roggenmalz
- 40 g Hopfen (Pellets, 4 % Alphasäure)
- 16 Liter Wasser zum Einmaischen
- 14 Liter Wasser für den Nachguss
- Obergärige Hefe. Typ: Weizenbier- oder Alehefe

Maische-Schema

- Einmaischen bei 35 °C.
- Glukanrast (Gummirast): 15–30 Minuten bei 39 °C.
- Maltoserast: 35 Minuten bei 64 °C.
- Verzuckerungsrast: 20 Minuten bei 72 °C.

- Abmaischen: 20 Minuten bei 78 °C.
- Würzekochen 60-90 Minuten

Hopfenzugabe

- 2/3 zu Beginn des Kochens zugeben
- 1/3 10-15 Minuten vor Kochende zugeben

Abfüllen

- Haushaltszucker für die Carbonisierung: ca. 4g pro 0,5-Liter-Flasche und 2,5 g pro 0,33-Liter-Flasche
- Stammwürzegehalt: ca. 12 %
- Reifezeit: 1-2 Wochen

Besonderheit Roggen: Die Würze wird durch dieses Malz ziemlich sämig und erschwert vor allem das herkömmliche Läutern (Durchfluss dauert länger). Deshalb die Empfehlung nicht mehr als 20 % Roggen beimischen. Mit dem Maischesack tust du dich hier leichter. Dann sind eventuell auch wieder höhere Roggengaben möglich. Die Besonderheit der Glukanrast hilft Gummistoffe abzubauen und diesen Effekt zu reduzieren.

Heller Bock

Bockbier ist ein Starkbier mit einer höheren Stammwürze als ein normales Vollbier. Folglich ist die Maische dickflüssiger. Oft wird er dunkel gebraut, manchmal als besonders starker Doppelbock oder Weizenbock. Ähnlich wie das Irish Stout liegt die Betonung dann auf dem Malzgeschmack und der Hopfen dient der Bitterung. Bis auf eben dem Maibock, der durch sein Hopfenaroma hervorsticht.

Wir haben hier den einfachen hellen Bock, bei dem der Getreidegeschmack im Vordergrund stehen wird. Er soll mindestens eine Stammwürze von 16 % und 6 % Alkohol haben, kann aber auch auf bis zu 20% Stammwürze gehen.

Zutaten

- 5,5 kg Münchner Malz
- 0,5kg Cara hell
- 70 g Hopfen (Pellets, 4 % Alphasäure, Saphier ist eine gute Wahl)
- 16 Liter Wasser zum Einmaischen
- 16 Liter Wasser für den Nachguss
- Untergärige Hefe mit hoher Alkoholtoleranz und mittlerer Endvergärung

Maische-Schema

- Einmaischen bei 40 °C.
- Verzuckerungsrast (Maltoserast): 45 Minuten bei 64 °C.
- Verzuckerungsrast: 20 Minuten bei 72 °C.
- Endverzuckerung (Abmaischen): 20 Minuten bei 78 °C.
- Würzekochen 60-90 Minuten

Hopfenzugabe

- 2/3 zu Beginn des Kochens zugeben (oder Vorderwürze)
- 1/3 10-15 Minuten vor Kochende zugeben

Abfüllen

- Haushaltszucker für die Carbonisierung: ca. 4 g pro 0,5-Liter-Flasche und 2,5g pro 0,33-Liter-Flasche
- Stammwürzegehalt: ca. 16 %
- Reifezeit: mindestens 7 Wochen

Das Bockbier harmoniert auch sehr gut mit der Vorderwürze als erste Hopfenbeigabe! Generell eher weniger (Bitter)Hopfen beigeben, damit der Malzgeschmack nicht unnötig dagegen ankämpfen muss.

Weizen dunkel

Die Variante des „normalen" Weizenbiers. Die Röstaromen ergänzen sich gut mit den Fruchtnoten. Als Weizenbock dann von allem etwas mehr

Zutaten:

- 2 kg Pilsner Malz
- 2 kg Weizenmalz dunkel
- 300 g Karamellmalz
- 40 g Hopfen (Pellets, 4 % Alphasäure)
- 20 Liter Wasser zum Einmaischen
- Nachguss nach Bedarf, ab 5 Liter
- Obergärige Hefe

Maische-Schema

- Betonung auf Nelkenaroma:
- Einmaischen bei 35 °C
- Ferulasäurerast (Weizenrast): 20–25 Minuten bei 45 °C
- Betonung auf mehr Bananenaroma: Einmaischen bei 55 °C
- Dann geht es wieder normal weiter:
- Verzuckerungsrast (Maltoserast): 40 Minuten bei 64 °C
- Verzuckerungsrast: 20 Minuten bei 72 °C

- Endverzuckerung (Abmaischen): 20 Minuten bei 78 °C.
- Würzekochen 60-90 Minuten

Hopfenzugabe

- 2/3 zu Beginn des Kochens zugeben
- 1/3 10-15 Minuten vor Kochende zugeben

Abfüllen

- Haushaltszucker für die Carbonisierung: ca. 4 g pro 0,5-Liter-Flasche und 2,5 g pro 0,33-Liter-Flasche
- Stammwürzegehalt: ca. 12 %
- Reifezeit: mindestens 3-4 Wochen, kann aber nach Hefetyp variieren

Wie du oben beim Maischeschema gesehen hast, kannst du bestimmen, welche Geschmacksnote du hervorheben möchtest. Durch die Ferulasäurerast wird die sogenannte Ferulasäure mehr herausgebildet, die das Nelkenaroma fördert. Beim Hopfen findest du wieder nur die Angabe zum Bitterwert. Bestimme mit der Hopfengabe, ob dein Weizenbock eher fruchtig oder malzig schmecken soll, oder ob er generell eher im Hintergrund sein soll.

Rauchbier

Eine Besonderheit ist das Rauchbier. Ähnlich wie bei beim Scotch Whiskey wird das Dörren der gekeimten Gerste, dem sogenannten Grünmalz, über einem offenen Buchenholzfeuer erledigt. Der dabei entstehende Rauch durchströmt das Malz und macht es so zum Rauchmalz. Das Ergebnis ist ein dunkles, rauchiges untergäriges Bier.

Zutaten:

- 2,5 kg Pilsner Malz
- 1 kg Rauchmalz
- 700 g Münchner Malz
- ca. 90 g Hopfenpellet (ca.4 % Alphasäuregehalt)
- Hauptguss: 20 Liter Wasser
- Nachguss: nach Bedarf – ca. 10 Liter
- Untergärige Bierhefe für Lagerbiere

Maische-Schema

- Einmaischen: ca. 20 Minuten bei 35 °C
- Maltoserast: 30 Minuten bei 64 °C
- 1. Verzuckerungsrast: 20 Minuten bei 72 °C
- 2.V erzuckerungsrast: 20 Minuten bei 78 °C
- Mit Nachguss abläutern

- Würzekochen 60-90 Minuten

Hopfenzugabe

- 2/3 zu Beginn des Kochens zugeben
- 1/3 10-15 Minuten vor Kochende zugeben

Abfüllen

- Haushaltszucker für die Carbonisierung: ca. 4 g pro 0,5-Liter-Flasche und 2,5 g pro 0,33-Liter-Flasche
- Stammwürzegehalt: ca. 12-14 %
- Reifezeit: mindestens 5 Wochen bei Temperaturen für die untergärige Hefe

Der Hopfen ist immer wichtig, spielt aber in diesem Rezept eine untergeordnete Rolle, weshalb man die Beigabe variieren kann (zum Beispiele mehr Alphasäure und weniger Menge). Trotzdem kann es gerade beim Rauchbier sehr interessante Kombinationen mit den weniger fruchtbetonten Hopfensorten geben, die dann freilich am besten herauskommen, wenn sie erst zum Ende der Würzekochung beigefügt werden und eventuell auch ein anderes Verhältnis aufweisen (zum Beispiel 50 % zu 50 %).

Kölsch

„Kölsch ist die einzige Sprache, die man trinken kann und hat man genug intus, spricht man sie perfekt.“ So zumindest die Meinung vieler der Kölner, wenn man sie in den gastlichen Kneipen trifft. Wenn du daheim mit Freunden schon mal den Versuch starten willst, dann ist hier das Rezept dazu. Dich erwartet ein helles, hopfenbetontes Bier, das obergärig gebraut wird.

Zutaten

- 3,2 kg Pilsner Malz
- 1 kg Weizenmalz
- ca. 70 g Hopfenpellets mit 5 % Alpha
- 30 Liter Wasser (in Summe)
- Obergärige Bierhefe

Maische-Schema

- Einmaischen: ca. 20 Minuten bei 50 °C
- Eiweißrast: 15 Minuten bei 55 °C
- Maltoserast: 40 Minuten bei 64 °C
- 1. Verzuckerungsrast: 20 Minuten bei 72 °C
- 2. Verzuckerungsrast: 20 Minuten bei 78 °C
- Die Würze mit Nachguss läutern und filtern.
- Würzekochen 60-90 Minuten

Hopfenzugabe

- 2/3 zu Beginn des Kochens zugeben
- 1/3 10-15 Minuten vor Kochende zugeben
- Lasse die Würze nach dem Kochen 20 Minuten abkühlen und ruhen. Dann mittels Strudel den Trub und Hopfen entfernen.

Abfüllen

- Haushaltszucker für die Carbonisierung: ca. 4 g pro 0,5-Liter-Flasche und 2,5 g pro 0,33-Liter-Flasche
- Stammwürzegehalt: ca. 12 %
- Reifezeit: 3-5 Wochen

Hier kannst du schön mit Art der Hopfengabe experimentieren. Vielleicht mal die Vorderwürzung ausprobieren, etwas fruchtigere Sorten wählen, die zweite Gabe später zugeben oder ganz einfach mal 20 % mehr dosieren.

Weihnachtsbier

So, ein Bier mit zusätzlicher Würzung muss jetzt doch sein. Die Spielwiese wird hier natürlich richtig groß. Ich beschränke mich auf einen Klassiker – das Weihnachtsbier. Gut gekühlt und mit weniger Zimt (und vielleicht mehr Orange) kann es durchaus auch im Sommer schmecken! Aber dann ist es ja auch kein Weihnachtsbier mehr.

Zutaten

- 3,7 kg Pilsener Malz
- 1 kg CaraHell
- 0,3 kg CARAMÜNCH
- Hopfen 1. Gabe: 15 g Perle oder ähnlich (Alpha, 10 %)
- Hopfen 2. Gabe: 30 g Hallertauer Mittelf.(Alpha 6-8 %)
- Hefe: untergärig (Fermentis oder ähnlich) – auch obergärig möglich
- Wasser: 20 Liter Hauptguss
- Nachguss nach Bedarf 5-10 Liter
- Schale zweier Bio-Orangen
- 5 g Zimt
- 6-8 Gewürz-Nelken

Maische-Schema

- Einmaischen bei 45 °C
- Eiweißrast bei 55 °C für 15 Minuten
- Maltoserast bei 63 °C für 30 Minuten
- Verzuckerung bei 72° C bis Jod-Normal (ca. 25 Minuten)
- Abmaischen bei 78 °C für 15-20 Minuten
- Abläutern und filtern mit Nachguss 10 Liter
- Würzekochen für 75 Minuten

Hopfenzugabe

- 1. Hopfengabe 5-10 Minuten nach Kochbeginn
- 2. Hopfengabe 5 Minuten vor Kochende

Für die Gärung zu beachten:

Die abgeriebene Schalen und Gewürze einen Leinenbeutel, wie zum Beispiel das Hopfensäckchen geben und direkt zum Beginn der Gärung in den Gärbottich versenken. So wie auch beim Kalthopfen verbleibt dieser Beutel im Jungbier bis zur Abfüllung.

Abfüllen

- Haushaltszucker für die Carbonisierung: ca. 4 g pro 0,5-Liter-Flasche und 2,5 g pro 0,33-Liter-Flasche
- Stammwürzegehalt: ca. 12-14 %
- Reifezeit: 3-4 Wochen

Der Geschmack der beigefügten Gewürze wird intensiver, wenn du die Verweildauer im Bier erhöhst. Lass das Bier gerne etwas länger gären. Durch die untergärige Hefe wird es mindestens 2 Wochen dauern, also hänge noch eine Woche dran (bei obergäriger Hefe etwas kürzer).

Füllst du im Fass (KEG) ab, kannst du den Beutel mit den Gewürzen auch im Fass mitlagern lassen.

Karamell-Klosterbier

Ein Starkbier der besonderen Art!

Zutaten

- 3 kg Pilsener Malz
- 3 kg Pale Malt
- 1. Hopfen: 15 g Northern Brewer (Alpha 15 %)
- 2. Hopfen: 20 g Hallertauer Mittfr. (Alpha 8 %)
- 3. Hopfen: 20 g Styrian Golding (Alpha 2,5 %)
- Hefe: obergärig mit hoher Alkoholtoleranz
- Wasser: 20 Liter Hauptguss
- Ca. 5-10 Liter Nachguss
- 500 g Haushaltszucker

Maische-Schema

- Einmaischen 45 °C
- Eiweißrast 55 °C – 10 Minuten
- Maltoserast 63 °C – 30 Minuten
- Verzuckerung 72 °C – bis Jod-Normal – ca. 30 Minuten
- Abmaischen 78 °C – ca. 15-20 Minuten
- Abläutern und filtern mit Nachguss
- Würzekochen 80 Minuten

Hopfenzugabe

- 1. Hopfengabe 5 Minuten nach Kochbeginn
- 2. Hopfengabe 5 Minuten vor Kochende
- 3. Hopfengabe bei Kochende

Besonderheit: Karamellzubereitung und Zugabe

500 g Haushaltszucker werden unter ständigem Rühren trocken in einer Pfanne stark erhitzt, bis er schmilzt. Zunächst ist er farblos verfärbt. Dann wir er rasch eine gold-orangene Farbe annehmen. Durch Rühren aufpassen, dass er nicht anbrennt! Sobald er seine Farbe angenommen hat, wird er mit 0,5 Liter kochendem Wasser abgelöscht.

Die Zugabe erfolgt beim Würzekochen. Das so entstandene Karamell wird 10-15 Minuten vor Ende direkt in die kochende Würze gegeben.

Abfüllen

- Haushaltszucker für die Carbonisierung: ca. 4 g pro 0,5-Liter-Flasche und 2,5g pro 0,33-Liter-Flasche
- Stammwürzegehalt: ca. 17,5 %
- Reifezeit: 8-10 Wochen

Brown Ale

Was ist eigentlich ein Brown Ale? Die Frage ist gar nicht so leicht zu beantworten, weil es so viele Kategorien davon gibt. Der Ursprung liegt wohl in England, wo er zunächst einmal schwach, mit 3 % Alkohol, hergestellt wurde.

Die *Brewers Association* macht folgende Unterschiede aus: English-Style Brown Ale, Brown Porter, Belgian-Style Flanders, German-Style Brown Ale (dann auch als Altbier bekannt), American-Style Brown Ale.

Generell handelt es sich um einen malzbetonten Bierstil, der obergärig gebraut wird und eine bernsteinartige Farbe aufweist. Im Gegensatz zum Altbier wird es gerne mit deutlichen Hopfennoten versehen. Das findet sich auch in unserem Rezept wieder.

Zutaten

- 4,5 kg Pilsener Malz
- 0,4 kg Melanoidin Malz
- 0,4 kg CaraMünch
- 0,2 kg CaraRye
- 1. Hopfen: 17 g Perle (Alpha 10 %)
- 2. Hopfen: 10 g Cascade (Alpha 7,5 %)
- Hopfenstopfen: 25 g Cascade (Alpha 7,5 %)
- Hefe: obergärig, z.B. S04 (Fermentis)
- Wasser: 20 Liter Hauptguss
- 5-10 Liter Nachguss

Maische-Schema

- Einmaischen bei 45 °C
- Maischerast bei 66 °C – ca. 75 Minuten, bis Jod-Normal
- Abmaischen bei 78 °C
- Abläutern und filtern mit Nachguss
- Würzekochen:
- Dauer 75 Minuten

Hopfenzugabe

- 1. Hopfengabe 5-10 Minuten nach Kochbeginn
- 2. Hopfengabe 5 Minuten vor Kochende
- 3. Hopfengabe Hopfenstopfen oder Kalthopfung, siehe Anleitung

Abfüllen

- Haushaltszucker für die Carbonisierung: ca. 4 g pro 0,5-Liter-Flasche und 2,5 g pro 0,33-Liter-Flasche
- Stammwürzegehalt: ca. 13-14 %
- Reifezeit: mindestens 5 Wochen

Bei der Kalthopfung wird der Biergeschmack noch einmal deutlich beeinflusst. Entsprechend hoch sind die Variationen. Wie schon beschrieben, lösen Gärung und Alkohol ganz gut die Aromastoffe, aber keine Bitterstoffe aus dem Hopfen. Allerdings ist die Ausbeute nicht so intensiv, also kann man gerne mal mehr zugeben, ohne gleich Angst haben zu müssen das ganze Bier umzuprägen.

Scotch Ale

Der Brauvorgang bestimmt das Bier! Scotch Ale stammt aus Schottland, wird dann auch gerne „Scottish Ale“ genannt und ist ein Starkbier. Wie du im Maischevorgang sehen wirst, wird die Bierwürze relativ lange gekocht, damit viel Zucker gelöst wird. Dies macht das Bier dunkler und führt zu einem höheren Alkoholgehalt. Es kommt relativ süß daher, eher vollmundig und sollte Noten von Karamell und geröstetem Malz enthalten.

Zutaten

- 4,75 kg Pale Ale Malz
- 0,75 kg Caraamber
- 1. Hopfen: 14 g Northern Brewer (Alpha 15 %)
- 2. Hopfen: 15 g Fuggle (Alpha 5 %)
- Hefe: obergärig, empfohlen zum Beispiel: Wyeast #1728 – Scottish Ale
- Wasser: 12 Liter Hauptguss
- 10-15 Liter Nachguss

Maische-Schema

- Einmaischen bei 45 °C
- Maischerast 69 °C, ca. 110 Minuten, bis Jod-Normal
- Abmaischen bei 78 °C, ca. 20 Minuten
- Abläutern:
- 1. Nachguss 8,5 Liter
- Läuterruhe 10 Minuten
- 2. Nachguss 8,5 Liter
- Läuterruhe 10 Minuten
- Würzekochen für 75 Minuten

Hopfenzugabe

- 1. Hopfengabe 5 Minuten nach Kochbeginn
- 2. Hopfengabe 5 Minuten vor Kochende

Abfüllen

- Haushaltszucker für die Carbonisierung: ca. 4 g pro 0,5-Liter-Flasche und 2,5 g pro 0,33-Liter-Flasche
- Stammwürzegehalt: ca. 12-13 %
- Reifezeit: mindestens 8 Wochen

Besonderheit Dickmaische

Bestimmt ist dir das besondere Maischeschema aufgefallen. Der Geschmack dieses Bieres wird tatsächlich vor allem durch das Maischeschema und die Vergärung der Hefe bestimmt.

Dickmaische heißt weniger Sud, dafür mehr Nachgüsse und vor allem die besondere Temperatur bei 69 Grad. Die ineffizientere Enzymarbeit wird durch das längere Maischen ausgeglichen. Normalerweise sind die 69

Grad für die β-Amylase zu heiß und für die α-Amylase zu kalt, aber die Enzyme arbeiten ja nie ausschließlich in dem angegebenen Temperaturbereichen, sondern eben nur besonders gut. Ziel ist ein anderes Umwandeln des Malzzuckers, das dem Ale seinen typischen Geschmack und seine typische Farbe verleiht (den roten bis bernsteinfarbenen Farbton).

Die Scottish Ale Hefe ist eine eher neutrale Hefe, vor allem wenn mit ihr eher kalt vergoren wird. Sie arbeitet aber auch in höheren Temperaturbereichen und dann kommen eher fruchtige Aromen zum Vorschein. Vor allem am oberen Ende (Herstellerinformationen beachten!) produziert die Hefe dann mehr Ester.

Das Scottish Ale ist ein tolles Beispiel, wie durch den Brauablauf das Bier bestimmt wird.

Fränkisches Braunbier

Fränkisches Bier ist besonders. Was sich wie ein normales deutsches Bier anhört, ist in Wirklichkeit eine interessante Mischung von Zutaten, die das Bier nicht neu erfinden, aber oft ein besonders süffiges Erlebnis bilden. Nicht umsonst wartet Franken – nach eigener Aussage – mit der höchsten Brauereidichte in ganz Europa auf. Wie immer man das in den Vergleich stellen mag, die Liebe der Franken zum Bier steht außer Frage. Hier ein obergäriges Braunbierrezept.

Zutaten

- 3,25 kg Münchner Malz
- 1,65 kg Wiener Malz
- 250 g Weizen Hell
- 125 g CaraDunkel
- 28 g Röstmalz
- Hopfen: 40 g Perle (Alpha 10 %)
- Hefe: obergärig, zum Beispiel S04 (Fermentis)
- Wasser: 20 Liter Hauptguss
- 5-10 Liter Nachguss

Maische-Schema

- Einmaischen 45 °C
- Eiweißrast 55 °C für 10 Minuten
- Maltoserast 63 °C für 30 Minuten
- Verzuckerung 72 °C bis Jod-Normal für ca. 25 Minuten
- Abmaischen 78 °C für 15-20 Minuten
- Abläutern und filftern mit Nachguss
- Würzekochen für 75-90 Minuten

Hopfenzugabe

- 1. Hopfengabe 1/3 5 Minuten nach Kochbeginn
- 2. Hopfengabe 1/3 45 Minuten nach Kochbeginn
- 3. Hopfengabe 1/3 5 Minuten vor Kochende

Abfüllen

- Haushaltszucker für die Carbonisierung: ca. 4 g pro 0,5-Liter-Flasche und 2,5 g pro 0,33-Liter-Flasche
- Stammwürzegehalt: ca. 12 %
- Reifezeit: mindestens 4 Wochen

Belgisches Triple

Das stärkste Bier hier! Normaler weise durchlaufen Triple nach der ersten Gärung eine langsame zweite Gärung bei ca. 10 Grad Celsius. Dann wird – mit frischer Hefe – noch eine dritte Gärung bei wärmeren Temperaturen durchgeführt, diesmal in der Flasche.

Wir machen das etwas kürzer. Denn: Nichts ist hier in Stein gemeißelt oder gar einheitlich. Das „Tripel", bezeichnet belgische Biere, bei denen im Vergleich zu Standardbieren die doppelte Menge an Zutaten zum Einsatz kommt. Deswegen wird der Geschmack intensiver und natürlich geht der Alkoholgehalt nach oben. Unterstützt wird die eh schon intensivere Gärung gerne noch mit Zucker und spätestens da verlassen wir natürlich das Reinheitsgebot. Deswegen nennen wir unser Bier ja auch Belgisches Triple. Achtung! Die Hefe muss mitspielen!

Zutaten

- Malz: 7,5 kg Pilsener Malz
- 0,5 kg CaraHell
- 1,0 kg brauner Kandiszucker
- 1. Hopfen: 12 g Styrian (Alpha 2,5 %), 30 g Hallertauer (Alpha 7 %)
- 2. Hopfen: 10 g Saazer (Alpha 3 %)
- Hefe: obergärig und Alkoholresistent! Beispiel: Wyeast #1762

- Wasser: 20 Liter Hauptguss, Nachguss gemäß gewünschter Stammwürze

Maische-Schema

- Einmaischen bei 45 °C
- Eiweißrast bei 55 °C für 10 Minuten
- Maltoserast bei 63 °C für 30 Minuten
- Verzuckerung bei 72 °C bis Jodnormalität erreicht ist
- Abmaischen bei 78 °C für 20 Minuten
- Abläutern und filtern mit Nachguss (wegen dem hohem Malzgehalt etwas mehr Nachguss zum Auswaschen einplanen)
- Würzekochen für 80 Minuten. <u>Den Kandiszucker zur kochenden Würze zugeben.</u>

Hopfenzugabe

- 1. Hopfengabe 10 Minuten nach Kochbeginn
- 2. Hopfengabe 5 Minuten vor Kochende

Abfüllen

- Haushaltszucker für die Carbonisierung: ca. 4 g pro 0,5-Liter-Flasche und 2,5g pro 0,33-Liter-Flasche
- Stammwürzegehalt: 20 %
- Reifezeit: mindestens 8 Wochen

Die oben empfohlene Hefe eignet sich besonders gut auch als Flüssighefe. Sie ist eher neutral, aber durch den hohen Alkoholgehalt kommen gerne noch Noten von Trockenfrüchten hinzu, die sehr gut zum Bierstil passen.

NEIPA

India Pale Ale (IPA), haben wir oben schon als Rezept. Eine neue Stilrichtung ist das New England IPA kurz NEIPA genannt. Es setzt noch einen oben auf und wird gerne als saftig und/oder trüb beschrieben und ist die fruchtige Variante des IPA.

Hier deine Version mit Mango Touch:

Zutaten

- Pale Ale Maris Otter: 4,3 kg
- Weizen hell: 1 kg
- Haferflocken: 0,6 kg
- Karamell extrahell: 0,2 kg
- 1. Hopfen für Vorderwürze: Mosaic 24 g (11 % α-Säure) & Vic Secret: 18 g (18.4 % α-Säure)
- Hefe: obergärig, zum Beispiel: Wyeast 1318 London Ale III
- Hauptguss 20 Liter, Nachguss ca. 5 Liter
- Kalthopfung: 76 g Mosaic & 82 g Vic Secret

Maische-Schema

- Einmaischen bei 38 °C
- 1.Rast bei 63 °C für 35 Minuten
- 2.Rast bei 72 °C für 25 Minuten

- Abmaischen bei 78 °C für 20 Minuten
- Abläutern und filtern mit Nachguss
- Würzekochzeit: 70 Minuten (nicht länger, Bitterung!)

Hopfenzugabe

- Vorderwürzhopfung gemäß Zutatenliste
- Kalthopfung 1: Mosaic 36 % und Vic Secret 42 % zu Beginn der Hauptgärung
- Kalthopfung 2: Mosaic 40 % und Vic Secret 40 % so 2-3 Tage vor Ende der Hauptgärung

Abfüllen

- Haushaltszucker für die Carbonisierung: ca. 4 g pro 0,5-Liter-Flasche und 2,5 g pro 0,33-Liter-Flasche
- Stammwürzegehalt: ca. 15 %
- Reifezeit: mindestens 2 Wochen

Ich denke es ist unnötig zu betonen, dass gerade bei den IPA-Bieren der Hopfen die Hauptrolle spielt, sowie die vielen möglichen Variationen. Das Hopfenschema ist auf maximale Ausbeute der Aromen ausgelegt. Hier kommen nur 2 verschiedene Sorten zum Einsatz. Es können aber auch 3 oder 4 sein. Oder nur eine, die dann ihren ganzen Geschmack entfalten darf. Die IPAs oder NEIPAs sind die Biere, um das alles auszuprobieren, was Hopfenzugabe heißt.

Braufehler und Ursache

Generell muss nicht jeder Braufehler ein wirklich schwerer Fehler sein, der das Bier ungenießbar macht. Manchmal wird man es zwar wegschütten müssen, aber oft ist es durchaus noch trinkbar. Oft erfüllt es einfach (noch) nicht die Erwartungen. Die Liste soll helfen, sowohl das Feintuning und damit das Handwerk zu verbessern, als auch die groben Fehler zu vermeiden!

- **Es schmeckt zu sehr nach Hefe**
  - Du hast zufällig ein Hefeweizen gebraut (bitte nicht ernst nehmen □)
  - Zu früh abgefüllt, d. h. die Hefe konnte sich noch nicht genug absetzten
  - Eine Hefe mit niedriger Klärung verwendet
  - Unvollständige Gärung, z. B. wenn die empfohlene Temperatur für die Hefe nicht eingehalten wurde.

- **Das Bier schmeckt zu süß**
  - Wahrscheinlich war die Maltoserast bei 63 °C zu kurz

- **Das Bier ist nicht vollmundig, es wirkt leer**
  - Wahrscheinlich war die Maltoserast zu lang, d. h. der Vergärgrad ist zu hoch
  - Der Stammwürzegehalt ist zu niedrig (mehr Malz verwenden)

- **Gemüseartiger Geschmack**
  - Dann hat es scheinbar mit der wallenden Hopfenkochung nicht so geklappt, oder du hast doch den Deckel draufgelassen. Das ist dann oft ein Fall für Wegschütten.

- **Das Bittere schmeckt kratzig und rauh**
    - Du hast das grüne, nordische Pilsner nachgebraut (sorry, bitte nicht verklagen!!)
    - Das Bier wurde nicht lange genug gelagert. Du kannst den Fortschritt selbst testen, deshalb die 0,33-Liter-Fläschchen. Hopfenreiche Biere brauchen länger (gerne 8 Wochen)
    - Eventuell auch zu hoher pH-Wert im Wasser. Der Wert des Brauwassers kann mit Milchsäure oder etwas Sauermalz gesenkt werden.

- **Die andere Bittere**
    - Du hast schon wieder das nordische Pils... nein sorry, ernsthaft nun. Es ist nämlich schwer zu beschreiben, was ich hier meine, da es auch in den Bereich Geschmack abdriftet. Wenn dein Bier eine unerklärliche, breite Bittere aufweist, obwohl du zum Beispiel gar keinen richtigen Bitterhopfen verwendest bzw. ihn richtig auskochst, dann kann es auch sein, dass zu wenige Eiweiße abgebaut wurden. In diesem Fall prüfe doch einmal, ob du die Eiweißrast sauber durchgeführt hast. Es kann auch sein, dass der Eiweißbruch beim Kochen nicht ordentlich funktioniert hat (Stichwort Heißtrub und Abscheidung). Dann verlängere die Kochzeit auf 90 Minuten. Und achte auf einen sauberen „Wirlpool“.

- **Ranziger bis stinkender Geschmack und Geruch**
    - Das nennt man auch Lichtgeschmack. Dein Gärbehälter hat zu viel Licht abbekommen, oder deine Abfüllflaschen sind entgegen meiner Empfehlung nicht aus Braunglas. Decke den Gärbehälter das nächste Mal notfalls ab. Und kipp das Zeug weg.

- **Mehliger Geschmack und leicht schleimiges Mundgefühl**
    - Dann wurde ein guter Teil der Stärke nicht verzuckert. Es wurde deutlich zu früh – vor Jodneutralität – geläutert.
    - Oder die Maische wurde deutlich zu früh und/oder zu stark erhitzt. Damit wurden zu viele Enzyme aus dem Malz zerstört, bevor die Stärke komplett verzuckert wurde.

- **Es schmeckt hefig UND säuerlich**
    - Glückwunsch! Sauerbier ist gar nicht so leicht herzustellen und eher etwas für Fortgeschrittene!
    - Wenn das nicht dein Ziel war: Lass es noch etwas reifen
    - Wenn es sich nicht gebessert hat, dann haben sich wahrscheinlich wilde Hefen oder Bakterien in der fruchtbaren Würze wohlgefühlt und vermehrt. Entweder du versucht es jetzt trotzdem als Sauerbier zu genießen (manche mögen es ja), oder du versuchst das nächste Mal *noch* reinlicher zu sein.

- **Das Bier schmeckt schal**
    - Dann hat das mit der Karbonisierung nicht so richtig geklappt. Du kannst das aber gut nachholen, indem du noch einmal Zucker gemäß unserer Formel in die Flaschen nachfüllst und 1-2 Wochen bei Zimmertemperatur stehen lässt. Es ist immer noch genug Hefe vorhanden, dass sie diesen vergärt und die Kohlensäure zurück in die Flasche bringt!

- **Das Bier schmeckt einfach nur gut**
    - Du hattest eine tolle Anleitung und bist dieser gewissenhaft gefolgt
    - Wiederhole sie und variiere mit den Geschmacksrichtungen, bis endlich einer der obigen Fehler auftritt, du Superperformer!

Der Zoll

Was hat der Fiskus mit meinem Hobby zu tun? Er möchte – auch wenn die Brauleistung im Rahmen bleibt – informiert werden. Unser Hobby bleibt steuerfrei, wenn wir unterhalb von 200 Liter (Endergebnis) pro Jahr und pro Person bleiben. Also darfst du auf deinen Namen 200 Liter brauen und deine Frau/Freundin auf ihren Namen auch. Deine Freunde auch.

Selbst wenn wir im steuerfreien Rahmen bleiben, muss es allerdings gemäß dem deutschen Steuergesetz angemeldet werden! Das erfolgt ganz unkompliziert per Mail oder Post an das zuständige Hauptzollamt. Welches zuständig ist, erfährst du ganz einfach im Internet (www.zoll.de).

Was gibst du an?

- Deine Adresse
- Der Ort an dem du braust (es kann ja auch bei Freunden sein)
- Geplante Biermenge im Ergebnis (also nicht die anfängliche Sudmenge)
- Datum das Brautages
- Eine formlose Versicherung, dass du nicht über die 200 Liter im Jahr kommst

Diese Meldung schickst du VOR dem geplanten Brautag ab.

Kommst du über die 200 Liter, dann wird eine ermäßigte Biersteuer für Privatleute fällig und dann benötigst du auch den Gehalt an Stammwürze.

Die Schweiz hat es hier etwas einfacher. Hier muss unter 400 Liter gar nichts gemeldet werden, wenn man es nur für den Eigenbedarf verwendet.

Zu guter Letzt

In dieses Buch ist meine eigene Erfahrung eingeflossen, Fehler, die ich gemacht habe und wie sie vermieden werden können. Aber es ist auch viel Wissen und Erfahrung einer unglaublich sozialen Community von Hobbybrauern enthalten, die gerne ihr Wissen teilen und immer hilfsbereit sind. Im Netz findest du neben Wertvollem natürlich auch Widersprüchliches. Mit diesem Buch hast du jetzt eine solide Arbeitsgrundlage für alles. Weitergehende Themen für den fortgeschrittenen Brauer mag der Inhalt eines anderen Buches sein. Bereiche wie exotische Zutaten oder besondere Brauverfahren habe ich gar nicht behandelt, weil hier nicht relevant.

Vieles der weiterführenden Themen kannst du dir auf der Grundlage des Buches jetzt selbst erarbeiten. Das ist das Ziel. Eine handwerklich solide Basis. Die mag fürs Leben reichen. Oder du entwickelst dich weiter und produziert DAS Reisbierrezept für den europäischen Markt!

Hole dir weiterführendes Wissen über Zutaten und Rezepte aus dem Internet. Jede Hopfenernte fällt naturbedingt anders aus und hat unterschiedliche Iso-α-Säuren. Sie werden in guten Online-Shops immer aufgeführt. Auch die Tipps, welches Malz für was gut geeignet ist. Das kannst du dann toll mit deiner wachsenden Erfahrung und deinen persönlichen Möglichkeiten daheim ergänzen.

Manche haben sich mit viel Mühe daran gemacht, uns Tabellen und Rechentools im Internet zur Verfügung zu stellen, die wir kostenlos nutzen dürfen. Und nicht zuletzt ist auch ein professioneller Handel für den Hobbybrauer entstanden, der uns mit der nötigen Ausrüstung und hochwertigen Rohstoffen versorgt, ohne diese es ungleich schwerer wäre vernünftiges Bier herzustellen.

Ausdrücklicher Dank an alle hier – unbekannterweise!

Denn nur so können wir Bier in verlässlicher Qualität brauen, neue Rezepte entwerfen und uns weiterentwickeln.

Allzeit GUD SUD!

PS:

Du hast Anregungen & Kritik? Gerne per Mail: blc-verlag@t-online.de

Lob höre ich natürlich auch sehr gerne – am liebsten per Rezension □!

Anhang: Brauprotokoll

Biersorte **Scotch Ale** 29.01.2021	Mengengerüst	Zeitablauf
MALZ		
Pale Ale Malz (Münchner Brake)	4,75 kg	
Caraamer	0,75 kg	
Sauermalz	0,1 KG	
Sorte 4/Zusatz	KG	
HOPFEN		**Zugabe wann?**
Vorderwürze:	g 18	Min / Min
Sote: Amarillo 11%		
1. Gabe:	g (keine)	Min / Min
Sorte		
2. Gabe:	g 22	Min: 5
Sorte		
3. Kalthopfen:	g (keine)	Min / Min
Sorte		
Hopfenstopfen	(Keine)	
Sorte:		
Hauptguss	Liter 15	
Nachguss	Liter 15	
WÜRZEKOCHEN		Dauer
Maischeschema: (Dickmaische mit langer Maltoserast und keiner Verzuckerungsrast mit wenig Liter im Hauptguss))	Temperatur	Dauer
Einmaischen	°C 45	Min.
Matoserast	°C 69 bis Jod-normal	Min. 110
Verzuckerungsrast	°C 72 - KEINE	Min.
JODPROBE: jodneutral?	JA	
Abmaischen	°C 78	Min. 30
Würzekochen	°C	Min. 90
HEFE: niedrige Endvergärung, hohe Sedimentierung, obergärig		
Stammwürze? (gemessen nach Würzekochen)	13,50%	
Gärung		Beginn:
		Ende:
Durchschnittstemperatur	°C	Tage:
Ausbeute bei Abfüllung in Liter	L 15	
Stammwürze bei Abfüllung / Rechnerischer Alkohol (incl. 0,5% Nachzuckerung)	7,50%	5,30%
Beschreibung Ergebnis	Unvergleichlich :-)	

Haftungsausschluss

Die Umsetzung aller enthaltenen Informationen, Anleitungen und Strategien dieses Buches erfolgt auf eigenes Risiko.

Für Schäden an Geschmacksnerven kann ebenso wenig Haftung übernommen werden, wie durch Schäden mittels explodierender Flaschen, verschmutzter Küchen oder anderer Arten.

Ausgeschlossen sind wie immer jegliche Rechts- und Schadenersatzansprüche.

Dieses Werk wurde mit größter Sorgfalt und nach bestem Wissen und Gewissen erarbeitet. Dafür stehe ich. Eine Gewähr für Vollständigkeit kann natürlich trotzdem nicht gegeben werden. Mehr noch: Ich kann versichern, dieses Werk ist nicht vollständig, noch kann es das sein. Das würde dem Zweck dieses Ratgebers ja gar nicht gerecht werden.

Falls Druckfehler oder Falschinformationen enthalten sein sollten, tut mir das leid, kann aber trotz sorgfältigster Arbeit nicht ganz ausgeschlossen werden.

Urheberrecht

Impressum

Kontakt:

Moritz Jänicke
c/o Block Services
Stuttgarter Str. 106
70736 Fellbach

Verwendete Bilder sind, wenn nicht anders gekennzeichnet, selbst erstellte Bilder.

Lektorat: Tina Müller / https://tina-mueller.com/lektorat/

ISBN: 978-3-9822993-0-3

Printed by Amazon Italia Logistica S.r.l.
Torrazza Piemonte (TO), Italy

21618332R00089